WOHLSTAND OHNE JOB

Wie Sie aus dem Hamsterrad entkommen und als freier Mensch leben

ERICH PERROULAZ

WOHLSTAND OHNE JOB: UM WAS ES TATSÄCHLICH GEHT

Die innere Einstellung entscheidet über glücklich oder unglücklich sein. Nur wer bereit ist, sich von Lebens-Illusionen zu verabschieden und seinen wahren Lebenszweck zu erfüllen, lebt seinen Traum.

GEWINNEN BEGINNT INNEN – DAS GRÖSSTE ABENTEUER IST, WIRKLICH ZU LEBEN.

„Was erfolgt, steht bei allem, was im Leben begonnen wird, bereits am Anfang fest. Die innere Signatur, der Blueprint, führt Sie sicher und mit Lebensfreude an Ihre Ziele. Lassen Sie es geschehen."

Erich Perroulaz

© **2014 by Erich Perroulaz**
Herausgeber: Selfness & Wellness (www.selfness-wellness.com)

Verlag: tredition GmbH, Hamburg

Bibliografische Information der Deutschen Nationalbibliothek:
Die Deutsche Nationalbibliothek verzeichnet diese Publikation in der Deutschen Nationalbibliografie; detaillierte bibliografische Daten sind im Internet über www.dnb.de abrufbar.

ISBN
978-3-7323-1374-7   (Paperback)
978-3-7323-1375-4   (Hardcover)
978-3-7323-1376-1   (e-Book)

Printed in Germany

Copyright, Nutzungsregeln, Marken
Dieses Buch dient der Information und Inspiration und stellt die Sichtweise des Autors dar. Das Werk, einschließlich seiner Teile, ist urheberrechtlich geschützt. Jede Verwertung ist ohne Zustimmung des Verlages und des Autors unzulässig. Dies gilt insbesondere für die elektronische oder sonstige Vervielfältigung, Übersetzung, Verbreitung und öffentliche Zugänglichmachung. Mit der Lektüre sind Sie damit einverstanden, dass wir weder eine Erfolgsgarantie für die gegebenen Ratschläge, noch eine Haftung für eventuelle Folgen ihrer Anwendung übernehmen können. Die im Buch verwendeten Marken sind Trademarks der jeweiligen Markeninhaber.

Wohlstand ohne Job

Wie Sie aus dem Hamsterrad entkommen und als freier Mensch leben

Erich Perroulaz

INHALTSVERZEICHNIS

Wohlstand ohne Job

1. Wie dieses Buch Ihr Leben verändern wird – eine Einleitung

2. Sklave oder freier Mensch? Ihre Rolle in Gesellschaft und Wirtschaft
   - 2.1. Die Komplexität unserer Gesellschaft
   - 2.2. Wie unsere Gesellschaft funktioniert
   - 2.3. Warum Konventionen wichtig sind und wann sie zum Problem werden
   - 2.4. Wie Sie durch Konventionen eingeschränkt werden
   - 2.5. Wie unsere Wirtschaft funktioniert
   - 2.6. Wie uns die Koppelung von Geld und Gefühlen unglücklich macht
   - 2.7. Warum Sie nicht mitmachen müssen

3. Der Schlüssel zur Freiheit – und wie Sie ihn finden
    3.1. Eine gefährliche Falle
    3.2. Sie selbst sind Ihre größte Hürde
    3.3. Wie eine veränderte Einstellung Ihr ganzes Leben beeinflusst
    3.4. Glücklich sein ist eine Entscheidung
    3.5. Wie glücklich sein funktioniert
    3.6. Jeder hat andere Ziele im Leben. Was ist Ihres?

4. Raus aus dem Hamsterrad – eine Anleitung
    4.1. Von der Idee zur Umsetzung
    4.2. Die ganz konkrete 7-Stufen-Anleitung
    4.3. Ein ständiger Prozess

5. Und jetzt? Ein Fazit

6. Menschen, die es schon geschafft haben – inspirierende Interviews

1

Wie dieses Buch Ihr Leben verändern wird – eine Einleitung

Mehr und mehr Menschen nehmen wahr, dass in wesentlichen Bereichen unseres Lebens etwas nicht stimmt: Die Berichterstattung der Medien, das Finanzsystem – um nur zwei davon zu nennen.

Die Aktienbörsen werden mit einer Überflutung von ungedecktem Papiergeld künstlich am Leben gehalten. Dass durch die bisher nie gesehenen Aktionen der Zentralbanken die Kaufkraft von Papiergeld immer mehr reduziert wird, ist klar. Wenn Geld schleichend an Kaufkraft verliert, verlieren Menschen mit dem entsprechenden Fokus an Lebenskraft und bleiben im Hamsterrad gefangen. Sie müssen noch mehr arbeiten, um den Lebensstandard zu halten. Der Mittelstand bezahlt so die Zeche und erkennt inmitten dauernder Ablenkungen und täglicher Überforderungen nicht, dass die Superreichen durch den Trick des Gelddruckens immer reicher werden.

Diese schleichende Enteignung ist eine List und zusammen mit dem nicht mehr tragfähigen System eine direkte Ursache, weshalb viele Menschen wie Sklaven gehalten werden. Dies oft, ohne es zu bemerken. Sobald sich jeweils die Börsenturbulenzen verstärken, zeigen die Unsicherheiten des materiellen Wohlgefühls deutlich ihr wahres Gesicht.

Die Zeit ist reif für ein Finanzsystem, das den Menschen wieder dient und sie nicht als Sklaven hält.

Die Änderung der eigenen inneren Einstellung ist der Anfang für ein neues Wertesystem. Wenn sich die Zerfallserscheinungen im alten Wertesystem verstärken, ist dies sicher eine Unterstützung, doch jeder Mensch kann schon jetzt selbst entscheiden, welchen Weg er gehen will. Es braucht dazu nur eine Entscheidung. Ihre Entscheidung.

WAS KOMMT NOCH IN MEINEM LEBEN?
Für jeden Menschen kommt einmal ein Punkt im Leben, an dem er sich zum ersten Mal die Frage stellt: „Was kommt jetzt eigentlich noch?"

Für die meisten von uns engt sich die Antwort darauf immer mehr ein, je älter wir werden. Als Jugendliche/r steht einem noch die ganze Welt offen. In Studium oder Ausbildung spezialisiert man sich schon, trotzdem hat man noch so viele Möglichkeiten. Doch eines Tages wacht man plötzlich auf, ist seit 10 Jahren im gleichen Beruf tätig, ist verheiratet und hat Kinder. Und man erkennt, dass das restliche Leben bis zur Rente genauso aussehen wird. Keine Überraschungen mehr, keine Ungewissheit, keine Freiheit. Auf Familienfeiern schwärmt man den studierenden Nichten und Neffen vor, wie glücklich sie sich schätzen sollen. Schließlich war die Studentenzeit die beste Zeit im Leben. Die wenigsten reden an diesen Treffen über

Visionen und deren Umsetzung im Leben. Einen Lebenssinn zu finden gehört auch in späteren Lebensjahren dazu.

Wenn Sie mit dem eben Beschriebenen glücklich sind, ist das natürlich völlig in Ordnung. Wer Ungewissheit und Überraschungen meidet, wer mit Beruf, Ehepartner, Kindern und Haus rundum glücklich ist, braucht sich keineswegs zu schämen. Doch wenn Sie in der Tat mit Reue zurückblicken und mit Schaudern nach vorne blicken, wenn Sie an all die verpassten Möglichkeiten denken, wenn Sie sich Freiheit und Unabhängigkeit wünschen – dann kann dieses Buch Ihnen helfen!

ERFOLGREICH UND WOHLHABEND, ABER TROTZDEM NICHT GLÜCKLICH

Mir ging es nämlich einmal ganz genauso. Obwohl ich erfolgreicher Aktienhändler und Investmentbanker mit Status und soliden Finanzen war, empfand ich mein Leben als leer und sinnlos. Schließlich habe ich alles hingeworfen und bin mit dem Rucksack durch Kanada getrampt. Dort kam ich meinem wahren Lebenszweck näher und begann eine innere Reise zu mir selbst. Seitdem tue ich, was mich glücklich macht: Ich schrieb das Buch „Ticket to Life", in welchem es um die eigene innere Transformation geht und bin heute Coach und Lebens-Unternehmer mit einem Faible für Finanzmärkte und Ausbildungen dazu.

Auch Sie sind nicht dazu verdammt, ein eintöniges Leben zu leben und alle Ihre Freiheiten aufzugeben. Sie müssen nicht jeden Tag aufs Neue 8 Stunden im Hamsterrad Ihres Jobs rennen, nur um danach den Feierabend zuhause im Hamsterrad des Alltags zu verbringen. Der Grund, warum die meisten Menschen so ein Leben führen, ist simpel: Weil es die Gesellschaft so vorgibt. „Schaffe, schaffe, Häusle bauen" ist ein schwäbischer Spruch, doch das Prinzip ist Grundlage unserer ganzen Gesellschaft.

Ich möchte Ihnen zeigen, wie Sie diesen Hamsterrädern entkommen können. Dabei geht es mir nicht darum, Recht zu haben. Schließlich kann ich nicht wissen, wie Ihre Situation im Detail aussieht. Vielmehr möchte ich Sie inspirieren, Ihren eigenen Weg zu gehen.

Ich möchte Ihnen auch zeigen, wie Sie nicht gleich von dem einen Hamsterrad in ein anderes wechseln. Und das hat direkt mit dem aktuellen Finanz- und Gesellschaftssystem zu tun. Genauer gesagt mit der inneren Einstellung dazu.

SKLAVE ODER FREIER MENSCH?

Dafür möchte ich Ihnen zunächst (in Kapitel 2: „Sklave oder freier Mensch? Ihre Rolle in Gesellschaft und Wirtschaft") zeigen, warum so viele Menschen in der oben beschriebenen Situation landen. Dabei wird es vor allem um den Aufbau von Gesellschaft und

Wirtschaft gehen – keine Sorge, Sie müssen weder Soziologie noch Wirtschaftslehre studiert haben, um das Kapitel zu lesen. Ich halte es einfach.

DER SCHLÜSSEL ZUR FREIHEIT

In Kapitel 3 („Der Schlüssel zur Freiheit – und wie Sie ihn finden") geht es dann um die wichtigste Person: Sie. Ich will Ihnen dabei helfen, Ihre innere Einstellung zu verändern und so Ihr ganzes Leben zu verändern. Dafür müssen wir allerdings auch herausfinden, was eigentlich Ihre Ziele sind. Diese Themen haben alle einen gemeinsamen Nenner: Letztlich soll es darum gehen, Sie glücklich zu machen.

RAUS AUS DEM HAMSTERRAD

Nachdem wir Ihre Ziele herausgefunden haben, wird es konkret: Im nächsten Kapitel („Raus aus dem Hamsterrad – eine Anleitung") rede ich darüber, wie man nun tatsächlich raus aus dem alten Leben und rein in das neue kommt. Glauben Sie mir: Es ist gar nicht so schwer, wie sie es sich vielleicht vorstellen. Allerdings auch nicht so trivial, wie es einige annehmen, denn es gibt ein paar entscheidende Weggabelungen, die Sie kennen sollten.

Wie der Titel des Kapitels schon sagt, handelt es sich dabei um eine Anleitung. Ich werde Sie in ganz konkreten und einfachen Schritten durch den Prozess führen. Trotzdem passt meine Methode zu verschiedenen Menschen und Zielen. Ganz egal, ob Ihr größter Wunsch ist, zu Fuß Europa zu durchqueren, in einer Künstlerkommune zu leben, ein Restaurant in Schweden zu eröffnen, in einer polyamourösen Beziehung zu leben, in einem mobilen Home-Office zu arbeiten oder etwas ganz anderes – ich zeige Ihnen auf, was es mit der inneren Einstellung auf sich hat und unterstütze Sie dabei.

INTERVIEWS MIT MENSCHEN, DIE IHR LEBEN GRUNDLEGEND GEÄNDERT HABEN

Weil Vorbilder immer gut sind, finden Sie in Kapitel 6 („Inspirierende Interviews") einige spannende Berichte von Personen, die ihr Leben umgekrempelt haben, um glücklich zu werden. Zum Beispiel erzählt Michael Kaindl, wie er seinen gutbezahlten Job in Deutschland verließ, um mit dem Laptop durch die Welt zu reisen oder Wolfram Andes, der ein erfolgreiches Coaching-Unternehmen führt.

WAS IST MIT IHNEN?

Jetzt wissen Sie, welche Themen Sie in meinem Buch erwarten. Das Wichtigste ist mir aber die Frage, was dieses Buch mit Ihnen macht. So viel kann ich Ihnen verraten: Wenn Sie offen für neue Ideen und Wege sind, kann ich Ihre innere Einstellung verändern. Und das ist der größte Schritt, denn mit emotionaler Freiheit ergeben sich weitere Veränderungen in Ihrem Leben wie von selbst – auch finanzielle Freiheit! Kurz gesagt: Gewinnen beginnt innen. Daher führt dieses Buch Sie auf eine Reise in Ihr Inneres. So kann Ihre Veränderung die stärkste Wirkung entfalten.

BEVOR ES LOSGEHT NOCH EINE GESCHICHTE VON DER LETZTEN FUSSBALL-WM:

Phillip Lahm, der Kapitän der deutschen Fußball-Nationalmannschaft, sagte kurz nach dem Gewinn des WM-Titels 2014 in Brasilien, dass er sich den Gewinn und das Hochhalten der WM Trophäe hundert Mal in Gedanken vorgestellt hatte und sich dabei in seinem Inneren ein Gefühl entwickelte.

Er schaute das Video des letzten deutschen Titelgewinns von 1990, in dem Lothar Matthäus den Pokal nach dem gewonnenen Finale hochhielt immer wieder an und stellte sich selbst in Gedanken und Gefühlen an diesen Platz. Er war also bereits ein Gewinner, bevor das Turnier überhaupt begann.

Genau dieses Vorstellungsvermögen können Sie für ihr eigenes Leben auch entwickeln. Jeder erfolgreiche Sportler, Unternehmer und Mensch kann sich seine Ziele als bereits erreicht vorstellen, und so wendet sich auch das Glück zum Besten.

Sklave oder freier Mensch? Ihre Rolle in Gesellschaft und Wirtschaft

Stellen Sie sich einmal kurz eine Autobahn vor: Zehntausende einzelne Autofahrer, die ihr Verhalten auf ihre Umgebung abstimmen und so miteinander interagieren. Die Folgen einer Handlung können sich dabei wie eine Welle über viele Kilometer hinweg ausbreiten. Ein Fahrer bremst, der Hintermann bremst ebenfalls und so weiter und so fort.

Ein solches System ist extrem komplex. Bis zu einem gewissen Maßstab kann es mit der Rechenleistung von modernen Computern noch simuliert werden, aber irgendwann ist Schluss. Zum Beispiel können Computer noch nicht annähernd das gesamte deutsche Autobahnnetz simulieren.

DIE KOMPLEXITÄT UNSERER GESELLSCHAFT

Eine Autobahn ist in ihrer Komplexität jedoch nichts gegen eine menschliche Gesellschaft. Ein Auto kann (natürlich mit Hilfe seines Fahrers) bremsen, beschleunigen, blinken und noch einige andere

Sachen. Menschen haben allein durch die Benutzung von Sprache praktisch unendlich viele Handlungsmöglichkeiten.

Wissenschaften wie die Soziologie oder Politikwissenschaften greifen daher immer einzelne Aspekte der Gesellschaft heraus, um sie zu betrachten und zu untersuchen. Über jeden einzelnen dieser Aspekte können Bücher geschrieben und Vorlesungen gehalten werden. Im Wirtschaftsbereich werden Menschen zwar (ähnlich wie oben die Autofahrer) nur auf bestimmte relevante Handlungen hin betrachtet (Verdienst, Konsum, Steuerzahlung etc.), dennoch ist eine Volkswirtschaft immer noch unfassbar komplex. Dazu kommen hier noch viele weitere Mitspieler, nämlich Unternehmen, Banken usw.

Sie sehen vielleicht schon, worauf ich hinaus will: Natürlich kann ich in einem kleinen Buchkapitel weder Gesellschaft noch Wirtschaft auch nur ansatzweise erklären. Vielmehr möchte ich Ihnen einige Faktoren erläutern, die zu Ihrer Situation im Hamsterrad beitragen. Denn Verständnis ist schon der erste Schritt, um etwas zu bewältigen.

WIE UNSERE GESELLSCHAFT FUNKTIONIERT

Eine Gesellschaft ist eine Art Vertrag, den alle Mitglieder untereinander schließen. Man ist bereit, sich an bestimmte Regeln zu halten, damit das Zusammenleben besser funktioniert. Einige dieser Regeln sind Gesetze. Ein Bruch der gesetzlichen Regeln wird durch die staatliche Rechtsprechung bestraft.

Daneben gibt es aber auch ungeschriebene Regeln. Diese bezeichnet man als Konventionen. Zum Beispiel ist es eine Konvention, dass man sich per Handschlag begrüßt. Konventionen können sich in verschiedenen Gesellschaftsschichten oder -kontexten unterscheiden. Es ist zum Beispiel unter Freunden üblich, sich mit einer Umarmung zu begrüßen statt mit einem Handschlag.

Wenn Konventionen nicht eingehalten werden, wird das mehr oder weniger subtil sozial bestraft. Reagiert man auf eine zur Begrüßung ausgestreckte Hand nicht, ruft im Normalfall niemand die Polizei. Stattdessen wird der ‚Übeltäter' mit einer kürzeren Gesprächsdauer, Unfreundlichkeit, geringerem Ansehen oder Ähnlichem bestraft.

WARUM KONVENTIONEN WICHTIG SIND UND WANN SIE ZUM PROBLEM WERDEN

Wir lernen diese Konventionen von Geburt an durch Beobachtung und Imitation. Das ist an sich erst mal nichts Schlechtes. Unser Gehirn benötigt solche festen Verhaltensschablonen, weil es zu aufwändig wäre, jede Reaktion von Grund auf neu zu berechnen. Problematisch wird es dann, wenn die Konvention jemanden unglücklich macht – was dann? Wenn jemand beispielsweise Angst vor Bakterien hat oder sich unwohl dabei fühlt, Unbekannte zu berühren, und deswegen keine Hände schütteln möchte – was machen wir dann mit dieser Person?

WIE SIE DURCH KONVENTIONEN EINGESCHRÄNKT WERDEN

In genau so einer Situation befinden Sie sich gerade: Eine Konvention macht Sie unglücklich oder unzufrieden. Genau genommen sind es sogar mehrere Konventionen, nämlich all die Konventionen, die uns vorschreiben, wie ein ‚erfolgreiches' Leben in einem bestimmten Alter auszusehen hat. Einer der Gründe, warum wir (oft unbewusst) Angst vor einem Ausbruch aus diesem vorgegebenen Ablauf haben, sind die sozialen Strafen: Was, wenn Familie und Freunde meine Entscheidung nicht akzeptieren? Wie werden andere über mich denken?

Und noch ein weiterer Grund hält viele davon ab, aus ihren Gewohnheiten auszubrechen: Wer nicht nach den Konventionen leben will, muss einen eigenen Weg finden. Natürlich ist es viel schwieriger, Neuland zu betreten, als vorgegebenen Mustern zu folgen.

„Alles schön und gut, aber mich halten primär erst einmal finanzielle Sorgen davon ab, alles hinzuwerfen", werden Sie nun vermutlich einwenden. Und natürlich berücksichtigen wir die Frage des

Lebensunterhalts in Kapitel 4 („Raus aus dem Hamsterrad – eine Anleitung"). Sie werden sehen: das Problem ist nicht so groß, wie Sie vielleicht denken. Im folgenden Abschnitt möchte ich aber zuerst auf einige grundlege systemische Unstimmigkeiten in unserem Wirtschaftssystem aufmerksam machen, die sehr zu Ihrer Situation im Hamsterrad beitragen.

WIE UNSERE WIRTSCHAFT FUNKTIONIERT

In grauer Vorzeit gab es einmal Tauschhandel. Wer Hühner hatte und Milch brauchte, tauschte Eier gegen Milch ein. Das wurde allerdings schnell kompliziert: Wenn man neue Schuhe brauchte, der Schuhmacher aber keine Eier mochte oder brauchte, musste man die Eier erst gegen etwas tauschen, das man dem Schuhmacher anbieten konnte. Viel praktischer ist da ein universelles Tauschmittel. Und so kamen die vielen Vorgänger unseres heutigen Geldes zustande. So weit so gut.

In meiner Zeit als Investmentbanker wurde mir jedoch eines schnell klar: Geld ist längst kein reines Tauschmittel mehr. Als solches wäre es einfach Mittel zum Zweck. Doch für den Großteil der Menschen ist es zum eigentlichen Lebenszweck geworden. Selbstwertgefühl, Freude, Erfolg und viele andere Emotionen werden von den Zahlen auf dem Papier abhängig gemacht.

GELD – ÄNDERUNG DER EINSTELLUNG

Weg von einem ungesunden Finanzsystem hin zu menschlichen Beziehungen

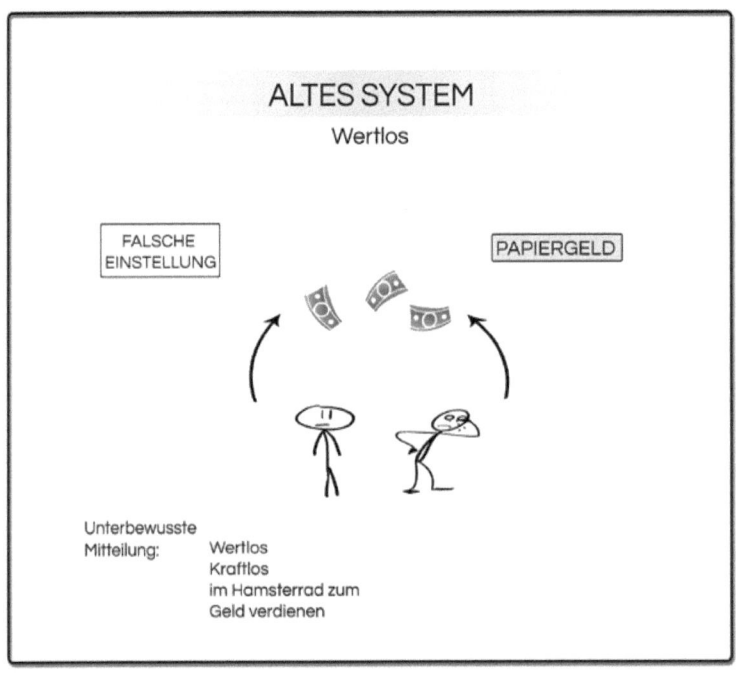

NEUES SYSTEM
Wertvoll

FÜLLE

BEZIEHUNGEN UND ERFÜLLUNG DES LEBENSZWECKS

Unterbewusste Mitteilung: Wertvoll
Überfluss und innerer Frieden
Geld erfüllt seinen Zweck
und bleibt im Fluss

WIE UNS DIE KOPPELUNG VON GELD UND GEFÜHLEN UNGLÜCKLICH MACHT

Durch eine solche Koppelung von Gefühlen an Geld ist vorprogrammiert, dass man von sich enttäuscht ist und sich selbst als wertlos empfindet. Denn das Geldsystem ist heute so komplex und intransparent, dass wir vielem einfach hilflos ausgeliefert sind. Zum Beispiel Wirtschaftskrisen. Das eigene Selbstwertgefühl von einem Zahlensystem abhängig zu machen, das mit seinen Zentralbanken, Inflationsraten, Zinssätzen, Aktienkursen, Währungsreserven usw. von niemandem mehr überblickt werden kann, ist also gleich doppelt problematisch.

Banken manipulieren Währungs- und Aktienkurse und niemand schaut wirklich genau hin. Kein Aufschrei in der Gesellschaft. Vielleicht bezahlen sie Strafen in Millionenhöhen (die wiederum aus gedrucktem Papiergeld bestehen). Das Finanzsystem gleicht einem Drogensüchtigen, der nur mit permanenter Drogenzufuhr lebensfähig ist. Papiergeld ist in diesem Beispiel die Droge. Die

Aktienmärkte werden seit Jahren durch die Flut des gedruckten Papiergeldes gestützt. Dabei fließt das meiste gedruckte Geld zu denen, die durch Ihre Macht Zugang dazu haben und nicht zu den „normalen" Menschen. Dadurch öffnet sich die Schere zwischen arm und reich dramatisch. Die Bilanzen der Zentralbanken gleichen aufgeblasenen Ballons, die irgendwann platzen werden, ja platzen müssen. Es weiß nur niemand genau wann.

Warum erwähne ich diese Tatsache im Zusammenhang mit der Änderung der inneren Haltung? Weil eine Änderung der inneren Haltung und eine klare Positionierung bedeutet, über eine gewisse Zeit „falsch" zu liegen und Kritik aus der konventionellen Ecke zu erhalten. Es kann auch dazu führen teilweise ausgeschlossen zu werden, was einen jedoch lehrt, sich selbst anzunehmen und zu achten.

An dieser Stelle kommen die Konventionen des vorigen Abschnitts ins Spiel: Geld als Maßstab von persönlichem Wert und Erfolg ist schon längst zu einer solchen Konvention geworden. Das bedeutet, dass wir diese Verknüpfung schon von klein auf unbewusst lernen. Es bedeutet aber nicht, dass man sie nicht loswerden kann. Warum, erkläre ich Ihnen im nächsten Abschnitt.

WARUM SIE NICHT MITMACHEN MÜSSEN

Zunächst ist es natürlich ein beängstigender Gedanke, dass wir Menschen sozialen Regeln folgen, die wir verinnerlicht haben, weil wir sie von Kindesbeinen an lernen. Andererseits sind Menschen keine Roboter. Wenn wir uns solche Regeln bewusst machen, können wir uns durchaus dazu entscheiden, sie nicht zu befolgen. Verknüpfungen wie die oben genannte von Geld und Selbstwertgefühl können mit etwas Übung umgelernt werden. Zum Beispiel können Sie Kreativität, zwischenmenschliche Beziehungen oder Naturerfahrung als Messlatte für Ihre persönlichen Erfolge nehmen. Auch die oben erwähnten sozialen Strafen sind vermeidbar. Mit geeigneten Kommunikationsstrategien können wir unsere Mitmenschen nämlich durchaus dazu bringen, Konventionsbrüche zu akzeptieren. All diese Maßnahmen werden wir in den nächsten Kapiteln ausführlich besprechen.

Zu guter Letzt sollten wir nicht vergessen, dass es für eine Veränderung der Gesellschaft immer einige Mutige braucht, die sich trauen, mit den Konventionen zu brechen.

# Der Schlüssel zur Freiheit – und wie Sie ihn finden

Bisher haben wir viel darüber gesprochen, das eigene Leben zu verändern. Schließlich ist das Ihr Ziel und ich möchte Ihnen dabei helfen. Wir können darüber aber so viel reden, wie wir wollen: Die Veränderung muss von Ihnen selbst ausgehen. Sie beginnt in Ihrem Inneren. Das hat gleich zwei Gründe:

Zum einen müssen Sie zunächst den Entschluss fassen, etwas zu ändern. Das ist ein oft langwieriger geistiger Prozess, dem viele Überlegungen und Abwägungen vorausgehen können. Ist der Entschluss gefasst, benötigen Sie noch Motivation. Auch diese kommt aus dem Inneren, kann aber durch äußere Faktoren beeinflusst werden. Beispielsweise könnte eine neue Liebe Sie motivieren, Ihr Leben zu ändern, weil Sie mehr freie Zeit haben möchten, die Sie mit dem Partner verbringen können – doch auch dann kommt die Motivation aus Ihrem Inneren. Sie sind es ja (in diesem Beispiel), dem die Beziehung und die andere Person so wichtig sind, dass Sie etwas verändern möchten. Passen Sie hier jedoch genau auf. Verändern Sie niemals wegen äußerer Umstände ihr Leben. Es führt nur zu neuen Abhängigkeiten.

Zum anderen wird auch eine radikale Veränderung Ihrer Lebensumstände Sie nicht glücklich machen, wenn damit nicht auch eine Veränderung Ihrer inneren Einstellung einhergeht. Nehmen wir an, Sie möchten am liebsten weg aus Deutschland und eine Bar in der Karibik eröffnen. Wenn Sie nun tatsächlich den Schritt wagen, aber tief in Ihrem Inneren immer noch daran glauben, dass nur viel Geld und eine beeindruckende Karriere glücklich machen, dann werden Sie auch in der Karibik nicht zufrieden mit Ihrem Leben sein. Sie nehmen sich selbst und Ihre innere Einstellung immer mit.

EINE GEFÄHRLICHE FALLE

Die gerade beschriebene Situation ist eine Falle, in die viele Menschen tappen. Wir neigen dazu, die Gründe für unsere eigene

Unzufriedenheit zunächst einmal außerhalb von uns zu suchen. Wir wechseln den Job, den Partner oder den Wohnort, anstatt an uns selbst zu arbeiten. Oft merken wir erst zu spät, dass die Ursache der Probleme in den eigenen Unsicherheiten und der persönlichen Einstellung liegt.

SIE SELBST SIND IHRE GRÖSSTE HÜRDE

Selbst wenn Sie erkennen, welche Veränderungen in Ihrem Inneren notwendig sind, lassen sich diese nicht ohne weiteres durchführen. Haben Sie sich schon einmal vorgenommen, gelassener zu sein, fleißiger, konsequenter, besser gelaunt oder sonst eine Charaktereigenschaft zu ändern? Dann wissen Sie genau, wie schwer das ist. Schließlich gibt es keinen versteckten Schalter, den man einfach umlegen könnte und schon wird man vom wütenden Choleriker zum gelassenen Ruhepol.

Wie Sie aus dem vorherigen Kapitel wissen, werden wir Menschen von zahlreichen Konventionen geleitet – zum Beispiel, dass man sich zur Begrüßung die Hände schüttelt, oder dass Geld glücklich macht. Diese Muster lernen wir schon in der Kindheit und sie sind so tief in unserem Unterbewusstsein verankert, dass es schon ein wenig Arbeit braucht, bis wir sie loswerden. Zum Glück weiß ich aus eigener Erfahrung, dass es zu schaffen ist. Und wenn man schließlich so weit ist, dann wird die Mühe vielfach belohnt. Denn eine veränderte Einstellung pflanzt sich wie eine Welle durch all Ihre Lebensbereiche fort.

WIE EINE VERÄNDERTE EINSTELLUNG IHR GANZES LEBEN BEEINFLUSST

Wissen Sie, warum bei manchen Leuten Horoskope so gut funktionieren? Weil diese Menschen daran glauben. Wer fest an die Vorhersage glaubt, dass er oder sie diesen Monat jemanden kennenlernen und sich verlieben wird, verhält sich anders. So jemand wird sich offener verhalten, mehr unter Menschen gehen, mehr flirten und so weiter. Andersherum geht das Ganze allerdings auch: Wer mit einem Unglück rechnet, verhält sich ängstlich, ist abgelenkt etc. und erhöht dadurch die Wahrscheinlichkeit, dass tatsächlich ein Unglück passiert. Dieser Effekt nennt sich selbsterfüllende Prophezeiung.

Nur nebenbei: Astrologie - auf seriöse Weise angewandt - kann durchaus etwas über Ihre Archetypen aussagen. Nicht umsonst heißt es „Millionäre brauchen keine Astrologie - Milliardäre schon".

Genau so läuft es auch mit der inneren Einstellung. Wenn Sie von sich selbst überzeugt sind und an sich glauben, werden Sie mehr Erfolg in allen Lebensbereichen haben, weil Sie selbstbewusster auftreten und sich besser präsentieren. Ganz egal, welches Ziel Sie verfolgen: Sie erreichen es leichter, wenn Sie mit sich selbst im Einklang sind.

Daher ist es so wichtig, dass die Veränderung in Ihrem Inneren beginnt: Wenn Ihnen dieser Schritt gelingt, funktioniert der Rest wie von selbst.

Ein Aspekt der inneren Einstellung ist besonders zentral dafür, wie wir unser Leben angehen. Nämlich die Frage, ob wir glücklich sind oder nicht. Weil Sie dieses Buch lesen, gehe ich davon aus, dass es Ihnen so geht wie mir früher: Sie sind unglücklich. Lassen Sie mich Ihnen also zeigen, wie Sie an das Glück herankommen, das in Ihrem Inneren verborgen ist. Es geht um die Macht der Gefühle und eine innere Transformation der Gefühle.

GLÜCKLICH SEIN IST EINE ENTSCHEIDUNG

Im Deutschen steckt „Glück" in „glücklich". Dabei ist glücklich sein keineswegs Glückssache. Im Gegenteil, glücklich sein ist eine Entscheidung.

Keine Sorge, in diesem Abschnitt geht es nicht darum, dass Sie Ihr Leben von jetzt an einfach so akzeptieren sollen wie es ist. Ich möchte nicht, dass Sie sich mit Ihrem Hamsterrad zufrieden geben.

Aber es ist wichtig, dass Sie mit der Suche nach dem Glück bei sich selbst anfangen. Ansonsten tappen Sie in die oben beschriebene Falle: Sie entkommen dem Hamsterrad und stellen fest, dass Sie immer noch unglücklich sind, weil Sie all Ihre persönlichen Probleme mitgenommen haben.

Zudem ist es wichtig, dass Sie sich für das glücklich Sein entscheiden, damit Sie nach vorne blicken können. Denn wer glücklich ist, kann ganz unverzerrt erkennen, was er sich vom Leben wünscht. Wenn Sie dagegen unzufrieden sind, landen Sie nur bei den Zielen, die die Gesellschaft Ihnen vorschreibt: Geld, Karriere, ein attraktiver Partner und so weiter.

Bei diesen Zielen gibt es aber ein Problem: Sie können sie nicht erreichen. Die Ziele stehen nämlich immer im Vergleich zu Ihrem aktuellen Standpunkt. Der aktuelle finanzielle, berufliche oder private Status macht einen nie glücklich. Wie ein Drogensüchtiger braucht man immer mehr. Wie vorher beim Geldsystem beschrieben, befindet man sich in einem ständigen Zustand der Unzufriedenheit. Es gibt kein Gewinnen, nur kurzfristigen Gefühlskonsum.

WIE GLÜCKLICH SEIN FUNKTIONIERT

Die Frage ist nun: wie funktioniert die Alternative, die Entscheidung zum Glücklichsein? Wie können wir glücklich sein, ohne unser Glück von materiellen Werten abhängig zu machen?

Die Antwort ist einfach: Sie entscheiden sich jeden Tag aufs Neue. Es ist nicht so, dass man sich einmal entscheidet, glücklich zu sein, und von da an ein Leben lang zufrieden ist. Jeden Tag und bei jeder neuen Herausforderung gilt es, aktiv daran zu arbeiten, glücklich zu sein. Sie entscheiden sich jeden Tag erneut, ihre Gefühlslage selbst zu bestimmen. Kein Mensch kann für Ihre Gefühle verantwortlich sein, auch wenn Sie dies denken. Solange ein Ereignis oder ein anderer Mensch über ihre Gefühlslage bestimmt, sind sie in einer Abhängigkeit gefangen oder eben in einem Hamsterrad.

Das bedeutet, dass Sie immer wieder:

- die **schönen Momente in Ihrem Leben wertschätzen**, statt sich von negativen Ereignissen emotional überwältigen zu lassen.

- **Nutzen aus schwierigen oder schmerzhaften Erlebnissen ziehen.** Negative Erlebnisse lassen sich nie vollständig vermeiden, daher müssen wir das Beste daraus machen.

- **lächeln**. Unser Körper weiß, dass Lächeln ein Zeichen von Zufriedenheit ist. Darum schüttet er Glückshormone aus, wenn wir lächeln.

- **anderen etwas Gutes tun, ohne etwas zurückzuerwarten**. Es gibt nur wenige Dinge, aus denen Menschen so viel Glück ziehen können wie aus dem Gefühl, anderen zu helfen und auf diese Weise nützlich und wichtig zu sein.

- sich **gesund ernähren und viel bewegen**. Unser Gehirn ist zwar der Sitz der Persönlichkeit und des ‚Ichs', aber es existiert nicht isoliert. Es interagiert nonstop mit dem Körper. Nur in einem gesunden Körper kann auch ein gesunder (und glücklicher) Geist wohnen.

- Ihre **Stärken und Talente anwenden**. Wenn Sie etwas tun, worin Sie gut sind, ist das nicht nur ein befriedigendes Gefühl,

Sie werden sich auch mehr im Einklang mit sich selbst fühlen. Natürlich ist es dennoch sinnvoll und lobenswert, an seinen Schwächen zu arbeiten. Vergessen Sie dabei nur nicht, auch Ihre Talente wertzuschätzen und zu nutzen.

- **den inneren Fokus und die Gedanken auf ihre Träume und Visionen lenken**. Diese sollten Sie natürlich zuerst erkennen. Sobald Sie sich ein inneres Lebensdrehbuch geben, können Sie Ihre Gedanken immer wieder auf dieses lenken. Dadurch beginnen sich auch Ihre Gefühle zu ändern. Das Unterbewusstsein kann nicht zwischen realen und innerlichen Bildern unterscheiden. Sobald die inneren Bilder als wahr angenommen werden, ändert sich auch automatisch der Kurs ihres Lebens.

Am Anfang müssen Sie diese Punkte wiederholt bewusst anwenden. Mit der Zeit werden sie jedoch ein Teil Ihrer Persönlichkeit und Sie müssen kaum noch Energie auf diese Strategien verwenden. Nur in Zeiten besonderer Herausforderungen kann es dann passieren, dass Sie sich wieder ganz bewusst auf die Entscheidung zum Glücklichsein besinnen müssen.

JEDER HAT ANDERE ZIELE IM LEBEN. WAS IST IHRES?

Wenn Sie den gerade beschriebenen Weg gehen, erlangen Sie innere Freiheit. Ihr Glück kommt dann aus Ihnen selbst heraus und ist nicht mehr an materielle Werte gekoppelt. Erst wenn Sie diesen Zustand erreicht haben, können Sie Ihre eigenen Ziele erkennen, ohne dass sie von gesellschaftlich vorgegebenen Zielen überdeckt werden.

Das heißt allerdings nicht, dass Ihnen Ihr Lebensziel sofort völlig klar vor Augen steht. Nehmen Sie sich hier also ruhig Zeit, um zu reflektieren. Vergessen Sie nicht, dass Ziele von ganz unterschiedlicher Natur sein können. Ziele könnten beispielsweise sein:

- der eigenen Kreativität freien Lauf lassen können, egal ob beruflich oder mit einem Hobby.
- bereichernde zwischenmenschliche Beziehungen knüpfen.
- am Meer leben.
- eine Familie gründen.
- ein meditatives Einsiedlerleben führen.
- ein Buch schreiben.
- als Gärtner arbeiten.
- Bären in freier Wildnis sehen.

Was genau Ihr persönliches Ziel ist, kann ich Ihnen nicht sagen. Aber ich kann Ihnen Unterstützung bieten, es zu finden. Im nächsten Kapitel kommen wir nämlich zur konkreten Anleitung, wie Sie Ihr Leben verändern können. Dort finden Sie unter anderem auch Strategien dazu, wie Sie Ihre Lebensziele herausfinden.

Raus aus dem Hamsterrad – eine Anleitung

Im letzten Kapitel haben Sie gelernt, dass Sie zunächst innere Freiheit erlangen müssen, um Ihr Ziel klar vor Augen zu sehen. Dazu gehört die Entscheidung zum glücklich Sein aus sich selbst heraus. Erst dann können Sie erfolgreich Ihr Leben so verändern, dass Sie auch äußere Freiheit erlangen – wobei äußere Freiheit für jeden Menschen anders aussehen kann.

Aber wie genau verändert man sein Leben denn nun? Darum wird es im Folgenden gehen. Ich habe Ihnen eine Anleitung zusammengestellt, die Ihnen mit konkreten Ideen und Inspirationen bei Ihrem Vorhaben hilft und Ihnen als Wegbegleiter in dieser aufregenden Phase zur Seite stehen wird. Dennoch ist sie allgemein genug, dass Sie sie für verschiedenste Ziele anwenden können.

Den meisten von Ihnen wird die äußere Veränderung wie der schwierigste Teil vorkommen. Dann werden Sie erstaunt sein, wie leicht es Ihnen fallen wird! Ich kann nicht oft genug betonen: Wenn Sie die Tipps aus dem vorigen Kapitel befolgt, zunächst Ihre innere

Einstellung überprüft und angefangen haben, sie zu ändern, geht der Rest wie von allein. Stellen Sie sich dazu ein schönes Kreuzfahrtschiff vor, auf dem oben durch den Kapitän auf der Brücke der Kurs neu eingestellt wird. Das Schiff ändert seine Richtung langsam, doch das neue Ziel wird mit hundertprozentiger Sicherheit erreicht.

VON DER IDEE ZUR UMSETZUNG

Eines noch vorweg: Bei der Umsetzung der Anleitung sollten Sie flexibel bleiben. Umwege, Rückschläge oder spontane Planänderungen sind überhaupt nichts Schlimmes. Im Gegenteil, Sie sollten mit solchen Ereignissen rechnen und das Positive darin sehen (erinnern Sie sich an den entsprechenden Tipp im letzten Kapitel?). Sogar Ihr Ziel kann sich unterwegs verändern – und auch das ist nur begrüßenswert.

So abgedroschen der Spruch mittlerweile erscheint, er bleibt wahr: Der Weg ist das Ziel. Das Problem am Hamsterrad ist ja, dass es gerade kein Weg ist. Es führt nirgendwo hin. Doch sobald

Sie Veränderungen in Angriff nehmen, sind Sie ja schon raus aus dem Hamsterrad der Alltagsroutine. Wenn Sie das im Hinterkopf behalten, können Sie Unplanmäßiges freudig begrüßen und zu Ihren Gunsten nutzen.

MOTIVATION, HINGABE UND WILLE ALS GRUNDVORAUSSETZUNG FÜR WAHRE VERÄNDERUNGEN

Motivation sollte ein innerer Antreiber sein, zu wachsen und menschlich weiter zu kommen. Insbesondere das Herausfinden des eigenen Lebenszweckes und dessen Manifestation gehören hier unbedingt dazu. Wer von Geld oder äußeren Sicherheiten, wie Job, Partnerschaften oder seinem sozialen Netzwerk motiviert ist, kommt irgendwann im Leben an einen Punkt, wo es nicht mehr weiter geht, an dem die Enttäuschungen überwiegen.

Den meisten Menschen mit Veränderungswünschen ist nicht ganz bewusst, dass es sich zunächst um eine innere Transformation handelt, welche sich anschließend im Äußern manifestiert. Das permanente Gefühl inneren Friedens ist mit Geld unbezahlbar und auch nicht käuflich. Wir können es nur erreichen, wenn wir bereit sind, zu geben. Ohne Erwartungen. Wer diese innere Transformation durchläuft, kann auch nicht mehr zurück in das alte Wertesystem, weil die Energie eine völlig andere ist. Im Inneren wie im Äußeren – der Fokus ist entscheidend.

WEISHEIT ZUM THEMA GEFÜHLE - DIE GESCHICHTE VON DEN ZWEI WÖLFEN

Ein Indianerhäuptling erzählt seinem Sohn folgende Geschichte. „Mein Sohn, in jedem von uns tobt ein Kampf zwischen zwei Wölfen. Der eine Wolf ist böse. Er kämpft mit Ärger, Neid, Eifersucht, Sorgen, Gier, Arroganz, Selbstmitleid, Lügen, Überheblichkeit, Egoismus und Missgunst. Der andere Wolf ist gut. Er kämpft mit Liebe, Freude, Frieden, Hoffnung, Gelassenheit, Güte, Mitgefühl, Großzügigkeit, Dankbarkeit, Vertrauen und Wahrheit."

Der Sohn frägt: „Und welcher der beiden Wölfe gewinnt?"
Der Häuptling antwortet ihm: „Der, den du fütterst."

Die Macht der Gefühle ist entscheidend für Ihr Wohlbefinden und glücklich Sein. Wir alle verspüren negative und positive Gefühle. Diese sind jedoch nicht unberechenbar wie das
Wetter. Im Gegenteil: Jeder von uns hat Einfluss auf seine Gefühle. Durch das ‚**Füttern**' der Gefühle, durch Selbstgespräche und Gedanken halten wir diese am Leben. Wir können unsere Gefühle also ändern, indem wir lernen, anders zu denken und uns unser gewünschtes Leben vorzustellen.

Worauf man sich fokussiert, das wächst. Geben wir einem negativen Gefühl nach, steigern wir uns hinein, dann wächst es und wird stärker. Das trifft auf alle Gefühle zu - auf die positiven und die negativen. Je mehr man negativen Gefühlen freien Lauf lässt, umso mächtiger und stärker werden diese. Je mehr positive Gefühle entstehen, umso stärker werden diese und umso häufiger erfahren wir glückliche Fügungen.

> *Der einzige Unterschied zwischen Menschen, die glücklich sind und denen, die es nicht sind, sind ihre Gewohnheiten.* - Marci Shimoff -

Eine Gewohnheit ist nichts anderes, als eine zur Routine gewordene Handlung. Was wir oft genug wiederholen und pflegen, das wächst und wird stärker. Wenn wir also glücklich sein wollen, dann müssen wir bewusst jeden Tag nach Positivem Ausschau halten und so unsere positiven Gefühle stärken. Worauf wir uns in Gedanken konzentrieren, rückt in unseren Fokus. Wenn wir bewusst unseren Blick auf erfreuliche und positive Dinge lenken, dann nehmen wir diese eher wahr. Umgekehrt gilt das Gleiche!

DIE GANZ KONKRETE 7-STUFEN-ANLEITUNG ZUR ÄNDERUNG DER INNEREN EINSTELLUNG

Sind Sie bereit? Dann geht es jetzt nämlich los. Um das Ganze noch klarer zu machen, gehe ich die einzelnen Stufen mit Ihnen jeweils an zwei Beispielen durch:

Viele von Ihnen können sich vermutlich mit Lisa identifizieren. Lisa ist 31 und arbeitet im Qualitätsmanagement eines mittelständigen Unternehmens. Leider ist sie ziemlich unglücklich mit Ihrem Bürojob, eigentlich würde sie eine Tätigkeit im Freien vorziehen. Weil Lisa abends oft gereizt nach Hause kommt, läuft auch Ihre Beziehung mit dem zwei Jahre jüngeren Partner nicht so gut – ein weiterer Faktor, der sie unzufrieden macht.

In einer ganz anderen Situation befindet sich Thomas. Der 26 Jahre alte Systemadministrator hat Freude an seinem Job und empfindet ihn als spannend und abwechslungsreich. Für ihn beginnt das Strampeln im Hamsterrad, wenn er nach der Arbeit nach Hause kommt und die Abende allein verbringt. Er wünscht sich sehnlichst, eine Familie zu gründen. Weil er Single ist, sieht er jedoch keine Hoffnung.

VORBEREITUNG ZUR ANLEITUNG: SEIEN SIE EHRLICH ZU SICH SELBST

Machen Sie sich Ihre aktuelle Lebenslage ehrlich bewusst. Wo leben Sie in Illusionen? Sie können nicht alles auf einmal bekommen. Wenn Sie zum Beispiel irgendwo als Arbeitnehmer/in tätig sind, können Sie nicht einerseits Geld aus Ihrem Job beziehen und gleichzeitig Ihren Lebenstraum erfüllen. Ich selbst stieg - um zur Klarheit zu kommen - in ein Flugzeug nach Kanada mit dem Auftrag an mich selbst: Ich komme erst dann wieder zurück, wenn ich mir meiner selbstauferlegten Lebensillusionen bewusst bin und vor allem die neue Richtung in meinem Leben kenne.

Sie können dies auf Ihre Art und Weise machen, doch braucht es den festen Willen, diese Entscheidungen ernsthaft anzugehen. Am besten geben Sie sich selbst Zeit und Raum für die Vorbereitung und werden sich auch Ihrer nicht so guten Eigenschaften, wie z.B. Feigheit, Wut, Neid, Eifersucht etc. bewusst. Wenn Sie diese nicht selbst akzeptieren, wird Ihnen eine nachhaltige Entwicklung nicht gelingen. Ich sage dies aus meiner Sicht und eigener Erfahrung. Eine tatsächliche Transformation ist kein Flickwerk sondern Hingabe an das Leben.

Stufe 1: Die Mindmap

Schnappen Sie sich Stift und ein möglichst großes Blatt Papier. Schreiben Sie oben auf das Blatt Ihr Ziel und umkringeln Sie es. Machen Sie sich keine Sorgen darum, ob Sie das Ziel als realistisch empfinden! Darauf kommt es nicht an. Lisa beispielsweise sucht sich „den Mount Everest besteigen" als Ziel aus, weil sie gerne wandert und klettert.

Natürlich können auch punktuelle Ziele dazugehören, aber Sie sollten hier bewusst etwas mehr in Richtung ‚gesamte Lebensziele' gehen. Ich werde deshalb bei den sieben Schritten auf eine ganzheitliche Haltungsveränderung eingehen. Siehe dazu die 21 Punkteliste im Coaching Teil am Ende des Buches.

Wenn Ihr Ziel eher allgemein ist (zum Beispiel „in der Natur leben"), formulieren Sie um das allgemeine Ziel herum noch konkretere Varianten, die Sie sich vorstellen können. In diesem Beispiel könnte das sein: „auf einer Berghütte", „in einem Baumhaus", „auf einem Bauernhof", „ein Jahr auf einem Segelboot wohnen" usw.

Ganz unten auf das Blatt schreiben Sie Ihren Namen und umkreisen ihn ebenfalls. Das symbolisiert das Jetzt, Ihre aktuelle Situation.

Nun füllen Sie den Platz dazwischen mit einem Pfad. Fügen Sie nach und nach Schritte hinzu, die aus Ihrer jetzigen Sicht notwendige Schritte wären, um das Ziel zu erreichen. Beispielsweise könnten die Schritte „eine Berghütte finden" und „eine Berghütte mieten" vor „auf einer Berghütte leben" kommen. Machen Sie sich hierbei um finanzielle Fragen erst einmal keine großen Gedanken – darum kümmern wir uns in einer späteren Stufe.

Meistens ist es einfacher, vom Ziel auszugehen und sich nach unten vorzuarbeiten. Wenn Ihnen jedoch zuerst etwas für die unteren Schritte oder auch die Mitte einfällt, ist das ebenfalls völlig legitim. Lisa fällt als allererster Schritt auf Ihrem Weg zum Mount Everest etwa „Ausdauertraining" ein.

Fügen Sie so lange Schritte hinzu, bis jeder Schritt für sich realistisch erscheint, vorausgesetzt der vorherige Schritt ist erreicht.

Ist Ihr Pfad fertig? Gut, dann machen Sie das Ganze jetzt noch ein paar Mal, bis Sie mehrere alternative Pfade haben, die Sie von Ihrer jetzigen Situation zu Ihrem Ziel bringen. Markieren Sie auch

Querverbindungen, an denen Sie von einem Pfad zum andern wechseln können.

Thomas hat sich natürlich „Vater werden" als Ziel gesetzt. Sein erster Weg dorthin beinhaltet unter anderem „eine Partnerin kennenlernen". Doch er hat auch noch die zwei alternativen Pfade „mit einer guten Freundin ein Kind bekommen" und „Adoption", beides natürlich inklusive Zwischenschritte.

Stufe 2: Recherche

Mit dem Internet steht Ihnen eine schier unendliche Quelle des Wissens zur Verfügung. Suchen Sie Ihr Ziel und die einzelnen Schritte im Netz. Lassen Sie sich von Leuten inspirieren, die den gleichen Weg gegangen sind (dafür können natürlich auch die Interviews im nächsten Kapitel sehr hilfreich sein).

Tragen Sie das neu gewonnene Wissen in Form von weiteren Schritten oder Pfaden ein. Thomas findet durch seine Recherche zum Beispiel heraus, dass Adoption für ihn keine Erfolgsaussichten birgt, während ein Pflegekind eine Option ist, die er noch gar nicht kannte.

Ziehen Sie keine voreiligen Schlüsse und bleiben Sie gut gelaunt und flexibel. Der Weg zum Ziel ergibt sich meist wie von selbst und manchmal auch auf eine Weise, die Sie sich nicht vorstellen können. Deshalb: Erzwingen Sie nichts. Die besten Dinge im Leben ergeben sich.

Hier noch eine kleine Warnung: Wenn sich etwas im Bauchgefühl stimmig anfühlt, heißt es noch lange nicht, dass es auch so ist. Bauchgefühl hat oftmals mit alten Glaubenssätzen zu tun und entspricht mehr der Illusion denn der Wirklichkeit. Im Gegensatz zur Intuition. Diese ist eine Eingabe. Etwas fällt Ihnen also ein und kann nur geschehen, wenn Sie dem Leben und dem Schöpferischen gegenüber offen sind. Solche intuitiven Einfälle geschehen meist in der Gelassenheit. Also zum Beispiel unter der Dusche, beim Laufen, während einer Massage, beim Aufwachen etc.

Stufe 3: Menschen einbeziehen

Als Mensch existieren Sie in einem sozialen Netz. Auch wenn all Ihre Veränderungen sich auf Sie selbst und das eigene Leben beziehen, wird es Reaktionen geben: von positiv/anerkennend/unterstützend über gleichgültig bis hin zu ablehnend/negativ/sabotierend. Die Frage ist nun, welche Menschen Ihnen so wichtig sind, dass sie einen Einfluss auf Ihren Weg nehmen.

Machen Sie eine Liste dieser Menschen und überlegen Sie, wie Sie Ihre Pfade anpassen müssen, um diese Menschen einzubeziehen. Wenn Sie zum Beispiel regelmäßig mit Ihrem besten Freund skypen wollen, sollten Sie das Kriterium „Internetverbindung" in möglichst vielen Schritten auf den Lebenspfaden einplanen.

Außerdem sollten Sie sich fragen, auf wen in Ihrem Leben die geplanten Veränderungen starken Einfluss nehmen würden. Typischerweise sind das Partner und Kinder. Diesen Menschen sollten Sie dementsprechend auch zugestehen, selbst Einfluss auf Ihre Pläne nehmen können. Hierfür müssen Sie viel kommunizieren. Überlegen Sie gemeinsam, wie Sie einen Lebensweg wählen können, mit dem alle glücklich sind. Und zwar nicht nur einmal, sondern immer wieder. Schließlich werden sich Ihr Weg und Ihre Ziele immer wieder ändern. Reden Sie also immer wieder miteinander. Darüber, wo Sie sich gerade befinden und wie Sie sich die Zukunft vorstellen.

Für Lisa etwa bedeuten einige Schritte auf ihrem Weg zum Ziel, dass sie weniger Zeit für Ihren Partner haben wird. Bei vielen Gesprächen wird den beiden jedoch klar, dass dafür die gemeinsam verbrachte Zeit glücklicher sein wird. Daher kann Lisas Partner gut mit den Veränderungen leben. Außerdem begleitet er sie bei einigen einfacheren Wanderungen, die sie nun vermehrt unternimmt. Daraus entwickelt sich ein neues gemeinsames Hobby.

Kommunikation ist überhaupt das Mittel der Wahl, um negative Reaktionen zu minimieren. Als Faustregel gilt: Je weniger eine Person in Ihr Leben involviert ist, desto kurzfristiger sollten die Schritte sein, die Sie mit ihr besprechen.

Thomas weiß zum Beispiel, dass er seinen Kinderwunsch mit seiner besten Freundin besprechen kann. Bei entfernten Bekannten ist jedoch mit weniger Verständnis zu rechnen, weswegen er hier eher über die Partnersuche spricht.

Stufe 4: Zeit schaffen

Nachdem Sie in den letzten Stufen Ihre verschiedenen Pfade nun mehrfach überarbeitet haben, sollten Sie jetzt eine der verschiedenen Varianten auswählen. Welcher Lebenspfad spricht Sie spontan am meisten an?

Für fast alle Veränderungen benötigen Sie freie Zeit – insbesondere für solche, die einen Berufsausstieg bzw. -wechsel beinhalten.

Markieren Sie ruhig die Schritte auf Ihrem Pfad, für die Sie Zeit benötigen.

Bestimmt kennen Sie den Spruch: Zeit ist Geld. Ich ermuntere Sie, diesen einmal umzudrehen: Geld ist Zeit. Wenn Sie wollen, können Sie diesen zweiten Glaubenssatz gerne verinnerlichen und ihn mit Gefühlen Ihres eigenen Lebensdrehbuches verknüpfen. Aber Achtung: Es kann sich zu Beginn etwas ungewohnt anfühlen und Ihre alten Lebenseinstellungen könnten dagegen rebellieren. Denn es beutet nichts anderes, als dass Sie dafür bezahlt werden, wer Sie sind und für was Sie stehen.

Eventuell kommt es Ihnen aktuell völlig unmöglich vor, sich Zeit zu verschaffen. Doch auf den zweiten Blick füllen wir Menschen sehr viel Zeit mit Nichtstun, die wir besser nutzen könnten: Wie viel Zeit verbringen Sie abends vor dem Fernseher oder im Internet? Überlegen Sie auch, wie viel Zeit Sie im Beruf mit Nichtstun (zum

Beispiel warten, surfen etc.) verbringen. Solche Leerzeiten können Sie besser nutzen. Wie, das sehen Sie in der nächsten Stufe.

Zeit ist eine relative Größe und doch rennen viele im Hamsterrad der Zeit hinterher. Warum ist das so? Ist es in unserem Weltbild so vorgesehen, weil wir alles gerne messen, versichern oder bewerten möchten, nur um Sicherheit zu erlangen?

Wie schon Albert Einstein zur relativen Zeit sagte:
Wenn man zwei Stunden lang mit einem netten Mädchen zusammensitzt, meint man, es wäre eine Minute. Sitzt man jedoch eine Minute auf einem heißen Ofen, meint man, es wären zwei Stunden. Das ist Relativität.

Ich selbst glaube, es kommt auf den Fokus an. Wer diesen mehr auf sich und die Erfüllung seiner eigenen Lebensziele richtet, dient auch seinen Mitmenschen besser. Als Vorbild gibt er diesen gleichzeitig die

Erlaubnis, es auch so zu tun. Am Ende sterben wir alle, also geht es doch darum, das Beste aus dem eigenen Leben zu machen und dem Pfad des Lebenszweckes zu folgen.

Schauen wir uns jedoch vorher noch an, wie Lisa und Thomas ihr Zeitmanagement verändern:

Lisa hat vor allem an den Wochenenden viel Zeit, die sie bisher nicht genutzt hat. Die Abende unter der Woche verbringt sie meist mit ihrem Partner, allerdings stellt sie fest, dass sie meistens nur gemeinsam auf dem Sofa entspannen. Daher beschließt sie, in Zukunft einige Abende für ihr Vorhaben zu nutzen und die gekürzte Zeit mit Ihrem Partner dafür sinnvoller zu gestalten, mit gemeinsamen Unternehmungen oder Unterhaltungen.

Thomas stellt fest, dass er an den Abenden eigentlich jede Menge freie Zeit hat, die er bisher meistens im Internet verbracht hat.

An den Wochenenden arbeitet er zwar oft von zuhause aus, doch zwischendrin hat er immer wieder 1-2 Stunden Leerlauf.

Wie sieht es bei Ihnen aus?

Stufe 5: Fähigkeiten und Wissen ausbauen

Nun geht es darum, die ganze gewonnene Zeit auch zu füllen. Von einzelnen Schritten in Ihrem Pfad sind an dieser Stelle Fähigkeiten und Wissen am wichtigsten. Markieren Sie am besten alle Schritte, bei denen es um das Erlernen oder Ausbauen von Fähigkeiten geht sowie um das Erlangen oder Vertiefen von Wissen.

Wenn wir vorhin schon Albert Einstein zitierten, passt dieser auch in diese Stufe:
Fantasie ist wichtiger als Wissen, denn Wissen ist begrenzt.

Verbringen Sie die freigemachte Zeit damit, so intensiv wie möglich in neue (oder alte) Fähigkeiten und Wissensschätze einzutauchen. Das bildet später die Basis für einen möglichen Berufswechsel. Fantasie und Vorstellungsvermögen ist die Grundessenz, um ein glückliches Leben zu führen. Wissen gehört dazu.

Lisas Pfad beinhaltet das Vertiefen zahlreicher Outdoor-Fähigkeiten. Also nutzt sie die Wochenenden für lange Wanderungen und Kurse im Alpenverein, während sie unter der Woche an einigen Abenden in die Kletterhalle geht oder einfach Kraft- und Ausdauertraining betreibt.

Thomas erster Schritt ist „mindestens zwei Hobbys anfangen". So will er zum einen Leute kennenlernen und zum anderen seine sozialen Fähigkeiten verbessern. Also nutzt er seine freie Zeit abends für einen Kochkurs und einen Sprachkurs, weil er dort viele Menschen kennenlernen kann und viel kommunizieren muss. Die Leerzeiten am Wochenende kann er damit verbringen,

Sprachübungen zu machen oder Rezepte aus dem Kochkurs auszuprobieren. Wenn er die Zeit nicht schon für erste Dates braucht.

Stufe 6: Minimalisieren

Nachdem Sie im letzten Schritt Ihr Zeitmanagement optimiert haben, geht es nun darum, Ihren Lebensstil zu vereinfachen. Das hat gleich mehrere wichtige Effekte:

Zum einen wird es einen Berufswechsel enorm erleichtern. Eine einfachere Lebensweise kostet weniger, so dass Sie weniger unter Druck stehen, Ihren Lebensunterhalt zu finanzieren.
Zum anderen hilft Ihnen das Minimieren bei den Punkten aus dem letzten Kapitel: Wenn Sie schlichter leben, sehen Sie Ihre Ziele klarer vor Augen. So kommen Sie weg von der Sucht nach ‚mehr'.

Neben dem materillen Ballast sollten Sie auch den emotionalen Ballast ausmisten. Hier handelt es sich um die berühmten „emotionalen Leichen im Keller". Steigen Sie bei Gelegenheit in Ihren eigenen Keller und beleuchten Sie alles, was da so herumliegt. Sie brauchen es niemanden zu sagen. Tun Sie es einfach für sich selbst. Es vereinfacht den Weg zum Lebensglück. Die zum Verdrängten von emotionalem Ballast nötige Energie kann Sie sonst für immer zurückhalten.

Außerdem wird durch Minimalismus noch mehr Zeit frei. Wer etwa in eine kleinere Wohnung umzieht und Besitz verkauft, verbringt weniger Zeit mit Aufräumen und Putzen.

Hier sind einige Punkte, an denen Sie besonders gut ansetzen können:

- Wohnraum und Besitz. Wie viele Zimmer brauchen Sie wirklich? Welche Dinge besitzen Sie, ohne Sie je zu benutzen?

- Kleidung. Wie viele Kleider kaufen Sie einfach aus Modegründen bzw. weil der Inhalt Ihres Kleiderschranks Sie langweilt?
- Reisen. Natürlich sind Reisen und fremde Kulturen ein wichtiger Weg, aus dem Alltag herauszukommen. Doch müssen Sie wirklich in einem teuren Hotel unterkommen? Vielleicht können Sie auch bei Freunden von Freunden oder per Couchsurfing eine Bleibe finden.

Auf welche Luxusgüter können Sie verzichten?

Lisa beispielsweise verkauft ihr Auto, um stattdessen mit dem Fahrrad zur Arbeit zu fahren. Außerdem bringt sie sich selbst etwas für die Mittagspause mit, anstatt jeden Tag in einem Bistro zu essen. Damit hat sie ihren Lebensunterhalt schon um ein Viertel reduziert. So hat sie mehr freie Mittel für Outdoor-Kurse und das Fahrradfahren hilft gleichzeitig ihrer Ausdauer.

Eine meiner Maximen ist Qualität kommt vor Quantität. Selbst bei kleinem Budget leiste ich mir qualitativ hochwertige Produkte. Halt einfach nur eines. Passen Sie auf, dass Sie nicht zum Schnäppchenjäger verkommen oder zum Budget-Produkte-Junkie. Das ist auf Dauer für Ihr Selbstbewusstsein wenig förderlich. Sie sind ja selbst kein Budget-Schnäppchen sondern ein Mensch mit Qualitäten.

Stufe 7: Verdienstquellen verschieben

Nun kommen wir endlich an den Punkt, auf den viele von Ihnen sicherlich schon das ganze Buch gewartet haben. Sie haben sich gefragt: Wie soll ich den Berufsausstieg (der für viele Menschen Teil einer kompletten Lebensveränderung ist) denn finanzieren? Womit kann ich alternativ meinen Lebensunterhalt verdienen?

Die Lösung liegt in den Fähigkeiten, die Sie sich auf Ihrem neuen Lebenspfad aneignen. Nichts ist leichter, als mit etwas Geld zu verdienen (halt, das Wort ‚verdienen' wollen wir aus Ihrem

Wortschatz streichen), das Sie gut und mit Leidenschaft machen. Mit etwas, das Sie gut und mit Begeisterung machen, machen Sie am Ende auch Geld. Richtig: am Ende. Nur in der deutschen Sprache müssen Sie Geld verdienen. Die Amerikaner sagen „earn money" - Geld ernten; die Franzosen „gagner de l'argent" - Geld gewinnen. Die Schwierigkeit besteht vor allem darin, den Übergang im Wandlungsprozess hinzubekommen. Denn eine neue Existenz baut man nicht von heute auf morgen auf.

Ich habe einen Trick für Sie: Gestalten Sie den Übergang graduell. All die Zeit, die Sie in den letzten Stufen genutzt haben, um zum Experten zu werden? Jetzt nutzen Sie die Zeit, um sich mit Hilfe Ihrer neuen Fähigkeiten eine zweite Existenz aufzubauen. Reduzieren Sie die Arbeit in Ihrem alten Beruf – das geht oft besser als Sie denken. Vielleicht können Sie ein Sabbatjahr einplanen oder Ihre Stelle auf eine 50%-Stelle reduzieren?

Unternehmerisch denken und Handeln

Es gibt auch unternehmerische Arten sich zu finanzieren - so wie ich es tat: Ich gab mir als Mensch die Erlaubnis, meine Wandlung finanzieren zu lassen. Im Bewusstsein, später mit der Ernte aus dem Aufbau Rückzahlungen vorzunehmen. Eine Unternehmung wie Amazon oder Google brauchte am Anfang auch Investoren, um die nötige Infrastruktur aufzubauen und später Gewinn zu machen. Wenn Sie Fremdkapital aufnehmen (nicht Schulden machen, den Schuld ist wieder so ein Wort, welches Sie besser aus Ihrem Wortschatz streichen sollten) achten Sie darauf, von wem es kommt und verbuchen Sie es regelkonform, um später nachvollziehen zu können, wer Ihnen geholfen hat. Dieses Kapital nutzen Sie zum Aufbau Ihrer „Assets", welche später auch finanziellen Gewinn abliefern sollten. Ich stellte mir hierzu einfach eine Baumplantage vor, welche zuerst gesät und gepflegt wurde, bis später die Früchte geerntet werden konnten. Daher stammt auch der Geldbaum, welcher am Ende des Buches näher erläutert wird.

Wie Sie sehen gibt es verschiedene Möglichkeiten. Es kommt auf Ihre eigene Entscheidung und Risikofähigkeit an.

Lisa hatte zunächst einmal ja nur das vage Ziel, den Mount Everest zu besteigen. Bei den Vorbereitungen erkennt sie eine berufliche Alternative, mit der sie dem Hamsterrad entkommen kann und etwas tun kann, das ihr wirklich gefällt: Sie möchte Wanderreisen organisieren und durchführen. Um das umzusetzen, verlegt sie ihre Stelle im Qualitätsmanagement aufs Home-Office. Durch effektives Zeitmanagement schafft sie es, die Arbeit von 5 Tagen an nur 4 Tagen zu erledigen. Den zusätzlichen freien Tag nutzt sie, um ihre kleine Agentur für Wanderreisen zu planen und eine entsprechende Homepage zu erstellen.

ES KOMMT AUF DEN FOKUS AN

Wie gerade beschrieben, können Sie den Fokus auf für Sie wichtige individuelle Ziele setzen. Wenn Sie eine ganzheitliche Lebenstransformation anstreben, welche zum Wohlstand ohne Job führt, sollten Sie sich die Zeit nehmen, Ihrem Lebenszweck auf die Schliche zu kommen. Jeder Mensch sollte sich seiner Anwesenheit und seiner Berufungen auf der Erde bewusst sein und dies nutzen, um sich selbst zu entfalten. Das führt dann vom Beruf zur Berufung.

DEM WEG VERTRAUEN UND DIE UNSICHERHEIT UMARMEN

Ich möchte Ihnen kurz den Ablauf einer inneren Wandlung, so wie ich sie erfuhr, darstellen. Wenn Sie mehr über Themen wie inneren Frieden, emotionale Freiheit, Heilung der Gefühle, Loslassen, sowie die gekonnte Anwendung des Gesetzes der Anziehung erfahren wollen, können Sie das Buch „Ticket To Life - Umarme die Unsicherheit – Eine genau dokumentierte Reise zur emotionalen und finanziellen Freiheit" lesen. Vertrauen Sie dem Prozess und machen Sie sich vor allem den Ablauf bewusst.

DIE WANDLUNG DURCHMACHEN

Stellen Sie sich ihre Wandlung in etwa vor wie eine Raupe sich zum Schmetterling entfaltet.

Die Raupe (in dieser Darstellung Sie im Hamsterrad), kennt nur zwei Dimensionen der Weltsicht. Sie bewegt sich langsam und oft auch mühselig über Stock und Stein. Im Inneren steht jedoch bereits fest, welche Schmetterlingsart daraus wird. Bei Menschen ist es ähnlich. Ihr Lebenszweck, ihre Talente und Stärken stehen bereits fest, sind jedoch noch nicht entwickelt oder nicht sichtbar. Linear vorgehende Menschen sind wie Raupen. Sie bewegen sich nur in der Weltsicht des rationalen Verstandes. Sie wollen alles erklären und beweisen. Man hört von ihnen oftmals Worte wie „bringe Fakten, bleibe auf dem Boden, das ist unmöglich, was willst du schon ändern, bleib so wie du bist". Sicher hörten Sie solches schon zur Genüge, sonst würden Sie dieses Buch nicht lesen.

Die Verwandlung zu einem wunderbaren Schmetterling geht bekanntlich durch eine Phase des Kokons. In diesem entfaltet sich der Schmetterling. Und genau diese Phase heißt bei der inneren Transformation Hingabe, Verletzlichkeit, Geduld, Stillstand, Warten, Heilung und wird daher von Menschen oftmals unbewusst nicht eingegangen. Sie heißt auch, das alte Ego sterben zu lassen, und ein Ego stirbt nun mal sehr ungern. Doch der Preis dafür ist die unendliche Leichtigkeit, die ein Schmetterling ausstrahlt. Ihr Leben wird sich für immer verändern, sollten Sie sich auf diesen Wandlungsprozess als Mensch einlassen. Ihr Lebenszweck steht bereits fest. Sie spüren es manchmal tief in sich. Um ein Leben außerhalb des Hamsterrades zu führen, sollten Sie sich dieser tiefgehenden Wandlung bewusst sein. Weil so Ihr Job die Ausführung ihres Lebenszweckes ist und Ihren Blick auf materielle Werte für immer verändert. Wohlstand ohne Job.

EIN STÄNDIGER PROZESS

Immer wieder sollten Sie auf Ihrem Weg innehalten und reflektieren: Sind Sie noch in der Richtung unterwegs, in die Sie gehen möchten? Wenn nicht, dann passen Sie Ihren Pfad entsprechend an. Wenn ja, dann verfeinern Sie die notwendigen Schritte, denn sicherlich wissen Sie von Ihrem jetzigen Standpunkt aus mehr.

Thomas ging es so, dass er tatsächlich im Kochkurs jemanden kennengelernt hat. Trotz (oder gerade wegen) seiner neu gefundenen Liebe erkennt er, dass er Kinderwunsch und Partnerin lieber voneinander trennen möchte, um die frische Beziehung nicht gleich mit Zukunftsplänen zu belasten. Also bewirbt er sich um ein Pflegekind.

Und jetzt? Ein Fazit

Wie fühlen Sie sich nun, nach der Lektüre?

Sicherlich sind Sie noch ein wenig überwältigt von der Idee – und fragen sich, ob eine Veränderung so einfach sein kann.

Ja, es ist in der Tat möglich! Sie können es schaffen! Wie Sie in der Anleitung gesehen haben, geht das Ganze nicht von heute auf morgen. Gönnen Sie sich also die Zeit, die Sie brauchen.

Aus meiner Sicht und bisheriger Erfahrung ist der Schlüssel zum Erfolg die Bereitschaft, sich bewusst zu sein, dass Gewinnen oder Verlieren, glücklich oder unglücklich sein innere Zustände sind. Sie können noch so weit wegfliegen oder in ein fernes Land auswandern, um das Glück zu suchen, aber Sie werden sich immer selbst mitnehmen und letztendlich werden Sie Ihr Glück nur in Ihrem Inneren finden.

Überlassen Sie Ihr Glück nicht dem Zufall, denn es gibt kein unbestimmbares Schicksal. Zustände oder Probleme, die sie gerade nicht mögen, entstammen Ihrer Denk- und Glaubensweise von früher. Sie selbst setzten sich die Ursache. Auch wenn Sie es nicht glauben mögen. Aus dieser Sicht können Sie heute auch damit beginnen, die innere Haltung und Einstellung zu ändern. Egal, wo Sie gerade sind oder wie schwer Ihre Umstände wiegen. Denken ist nicht vom Geld abhängig. Sie sollten sich nur einmal ein paar Tage in Ruhe Zeit nehmen, um Ihre aktuelle Situation und Denkweisen zu analysieren. Geben Sie sich für solche lebensentscheidenden Dinge ruhig etwas Zeit und Raum.

Für jeden sieht Glück anders aus. Also sollten Sie exakt definieren, was Glück für Sie selbst bedeutet. Wohin Sie Ihren inneren Fokus und Ihr Denken richten, ist dabei entscheidend. Problemdenken führt zu Problemen. Sich selbst bereits als Gewinner vorstellen zu können, führt zum Erfolg. Es erfolgt also immer, was Sie sich als

Ursache setzen. Das Resultat eines Projektes, einer Beziehung und eines gesamten Lebens steht bereits am Anfang fest. Sie haben es in der Hand, die Richtung jederzeit zu ändern. Nur sollten Sie daran glauben!

Wenn Sie an einen Punkt der Unsicherheit kommen, dann wartet jederzeit mein Buch wieder auf Sie: Lesen Sie einfach noch mal nach, reflektieren Sie erneut. Sie werden sehen: An unterschiedlichen Punkten auf Ihrem Weg werden Sie den Text mit ganz anderen Augen lesen und verstehen. Benutzen Sie dazu auch den Coaching-Teil im Anhang. Beantworten Sie für sich selbst die dortigen Fragen. Lassen Sie sich darauf ein und lassen Sie sich überraschen, wie sich die innere Haltung verändert.

Ich hoffe, Sie berichten mir von Ihren Erfolgserlebnissen und freue mich auf Rückmeldungen!

Und jetzt starten Sie in Ihr neues und wahres Leben! Ich wünsche Ihnen nur das Beste dabei.

Ihr Erich Perroulaz

Nur wer sich die Erlaubnis gibt, glücklich zu sein, kann es auch werden.
Erich Perroulaz

Menschen, die ihr Leben verändert haben – inspirierende Interviews

Im Folgenden haben wir eine Reihe von Menschen befragt, die den Weg der Veränderung bereits erfolgreich gegangen sind.

Lesen Sie sich die Interviewfragen ruhig vorab erstmal durch und überlegen Sie sich, was Sie für sich darauf antworten würden (bzw. ob Sie überhaupt etwas antworten könnten).

DIE FRAGEN:

- Können Sie in wenigen Sätzen beschreiben, wie Ihr Leben vor 10 Jahren aussah?

- Und wie sieht Ihr Leben heute aus?

- Ganz konkret: Womit verdienen Sie Ihr Geld (oder wie kommt Geld zu Ihnen)?

- Erinnern Sie sich an den Moment, als Ihnen klar wurde, dass sich etwas ändern muss?

- Was waren die X wichtigsten Änderungen, die Sie vorgenommen haben?

- Was war dabei die größte Herausforderung?

- Was hat Sie in dieser Zeit motiviert?

- Sprechen wir übers Jetzt: Worauf freuen Sie sich jeden Tag?

- Wie definieren Sie Glück?

- Welchen Rat würden Sie jemandem geben, der Ihrem Vorbild folgen möchte?

Wolfram Andes ist seit 20 Jahren als Coach für Erfolg und Persönlichkeitsentwicklung tätig. Er begleitet seine Kunden in ein glückliches und zufriedenes Leben. Dazu gehört auch, dass hierfür die finanzielle Grundlage geschaffen wird.

Nach 7 unzufriedenen Jahren als Angestellter im Großraumbüro machte er sich selbstständig und verdient heute bis zu 25.000 € pro Woche. Er hat über eine Million eigene Bücher, CDs und DVDs im Eigenverlag verkauft und mit seinen Vorträgen und Seminaren viele zehntausend Menschen inspiriert. Sein Newsletter wird von 40.000 Menschen gelesen (siehe www.wolframandes.com).

Tiefe, Klarheit und Authentizität zeichnen ihn aus. Im Vordergrund steht die persönliche Zufriedenheit und Lebensqualität des Einzelnen. Wolfram Andes lehrt Klarheit, innere Ruhe und Stärke sowie Wohlstand. So erlangen seine Klienten wahren Erfolg: Finanzielle und persönliche Freiheit als Basis für ein glückliches und zufriedenes Leben.

KÖNNEN SIE IN WENIGEN SÄTZEN BESCHREIBEN, WIE IHR LEBEN VOR 20 JAHREN AUSSAH?

Ich arbeitete in einem Büro und war sehr unzufrieden. Der Tag ging einfach nicht vorüber.

UND WIE SIEHT IHR LEBEN HEUTE AUS?

Heute bin ich komplett frei in meiner Zeiteinteilung. Ich kann mich mit den Dingen beschäftigen, die mich wirklich interessieren. Ich bin frei.

GANZ KONKRET: WOMIT VERDIENEN SIE IHR GELD?

Mein Geld verdiene ich mit Seminaren, Vorträgen, Büchern, CDs, DVDs und immer mehr auch mit digitalen Videokursen. Mein Marketing besteht überwiegend aus E-Mail-Marketing.

ERINNERN SIE SICH AN DEN MOMENT, ALS IHNEN KLAR WURDE, DASS SICH ETWAS ÄNDERN MUSS?

Ja! Es war ein Gespräch mit einem Praktikanten damals vor ca. 20 Jahren. Ich sprach ab und zu von meiner Unzufriedenheit und meinen Plänen, mich selbstständig zu machen. Eines Tages sagte der Praktikant: „Du redest immer nur davon! Das machst du ja sowieso nicht!" Das hat mir den letzten Anstoß gegeben, meinen Bürojob aufzugeben.

WAS WAREN DIE 3 WICHTIGSTEN ÄNDERUNGEN, DIE SIE VORGENOMMEN HABEN?

Das Wichtigste war der Mut, die Entscheidung zu treffen, meinen gutbezahlten Beruf in einem Bankenrechenzentrum tatsächlich „an den Nagel zu hängen".

Als ich dann selbstständig war und kaum Geld verdiente, analysierte ich die Situation. Mir wurde bewusst, dass ich zwar fleißig war und meine Arbeit wirklich gerne tat, aber was ich nicht gelernt hatte war

MARKETING! Es reicht nicht aus, eine gute Arbeit zu machen oder gute Produkte herzustellen, man muss sie auch verkaufen! Mich mehr um das Marketing zu kümmern, war ein wichtiger Schritt zum finanziellen Erfolg.

Es ist sehr wichtig, sich auf EINE Sache zu konzentrieren. Wenn man sich auf zu vielen Baustellen verzettelt, wird nichts davon richtig erfolgreich.

WAS WAR DABEI DIE GRÖßTE HERAUSFORDERUNG?

Die größte Herausforderung war für mich, den Mut zu haben, einen „guten Job" aufzugeben, den „sicheren Hafen" zu verlassen und mich selbstständig zu machen. Es gab viel Gegenwind, und alle haben mir davon abgeraten. Ich möchte mir lieber nicht vorstellen, wie mein Leben verlaufen wäre, wenn ich mich damals nicht selbstständig gemacht hätte. Was mir damals geholfen hat, war die Überlegung, dass ich mir ja immer wieder einen Job suchen kann, falls es nicht funktioniert - aber dass ich es mir nie verzeihen würde, wenn ich es nicht wenigstens versucht hätte.

WAS HAT SIE IN DIESER ZEIT MOTIVIERT?

Meine größte Motivation war meine Unzufriedenheit! Sie hat mich angetrieben, etwas zu verändern.

SPRECHEN WIR ÜBERS JETZT: WORAUF FREUEN SIE SICH JEDEN TAG?

Was mir am meisten Freude macht, ist: Menschen zu inspirieren, gute Gespräche zu führen und mich mit Themen wie Erfolg, Lebensglück, Universum, Quantenphysik etc. beschäftigen zu dürfen.

WIE DEFINIEREN SIE GLÜCK?

Für mich ist Glück das lebendige Sein im Hier und Jetzt, mit innerer Ruhe und Klarheit mein Leben bewusst zu genießen.

WELCHEN RAT WÜRDEN SIE JEMANDEM GEBEN, DER IHREM VORBILD FOLGEN MÖCHTE?

Wie schon in der Frage formuliert: Suche dir ein Vorbild/Vorbilder, an denen du dich orientieren kannst. Das sind Menschen, die das bereits erreicht haben, was du noch erreichen möchtest.

Zur Inspiration einige meiner Webseiten:
www.wolframandes.com
www.gratis-erfolgs-tipps.de
www.wunsch-seite.com
www.reichtums-bewusstsein.de
www.heartmessage.com
www.der-sinn-meines-lebens.de
www.formel7.de
www.andes-erfolgs-coaching.de

Michael Kaindl ist Geschäftsführer der Syncron GmbH - einer virtuell geführten Münchner Online-Marketing- und SEO-Agentur.

Er lebt und arbeitet weltweit. Neben seinen beruflichen Tätigkeiten, die er heute zu 100% online erledigen kann, schreibt er Bücher (u.a. Chefaufgaben im Internet) und berät Unternehmer und Angestellte, die ihr Leben und Arbeiten ebenfalls verändern möchten.

KÖNNEN SIE IN WENIGEN SÄTZEN BESCHREIBEN, WIE IHR LEBEN VOR 10 JAHREN AUSSAH?

Damals war ich in einer unbefriedigenden Situation gefangen: Ich war AG-Vorstand in einem Start-up und hatte zwar ein ziemlich gutes Einkommen, aber 12-14 Stunden Arbeitstage und davon nicht selten 6 oder 7 pro Woche. Dazu Mitarbeiter- und Ergebnisverantwortung, eine Besprechung nach der anderen— das ganze Programm. Als Vorstand hatte ich außerdem keine Möglichkeit kürzer zu treten - selbst wenn ich das gewollt und dafür auf einen Teil meines Einkommens verzichtet hätte. Teilzeit-Vorstände, Halbtags-Geschäftsführer und 30-Stunden-Führungskräfte haben sich meines Wissens nach noch nicht durchgesetzt.

Natürlich fand ich dieses berufliche ‚Vollgas-Leben' spannend. Firmenwagen, Chefbüro, Sekretärin, hohes Einkommen - genau da wollte ich doch immer hin. Die Nachteile habe ich sportlich genommen: ‚37-Stunden-Woche – kein Problem, das schaff ich in 2 Tagen' oder ‚I don't need drugs, I get high on money' waren vermeintlich coole Sprüche aus dieser Zeit. Aber irgendwann wurde es belastend. Und da ich nicht warten wollte, bis mir dies auch mein Arzt bestätigt, dachte ich über Alternativen nach.

UND WIE SIEHT IHR LEBEN HEUTE AUS?

Nun, während ich diese Zeilen schreibe, geht mein Blick in einen asiatischen Garten mit Pool, die Temperaturen liegen bei knapp 30 Grad, die Sonne scheint, während mir aus Deutschland immer depressives Herbstwetter gemeldet wird. Nebenan bereitet meine Perle Maribel das Mittagessen zu—Ich hatte schon schlechtere Zeiten.

GANZ KONKRET: WOMIT VERDIENEN SIE IHR GELD?

Ich führe eine Internet-Marketing-Agentur, deren Schwerpunkt die Suchmaschinen-Optimierung ist. Alle Arbeiten können zu 100% online erledigt oder an Freelancer delegiert werden und ich nutze diese Tatsache für eine sehr langsame Art des Reisens, bei der ich immer mehrere Monate in einem Land bleibe.

Daneben veröffentliche ich eigene oder von befreundeten Autoren geschriebene Ratgeber-Bücher rund um die großen Themen

- **GESUNDHEIT** (z.B. ‚Rauchen aufhören' oder ‚Akne und Pickel loswerden')

- **GELD UND KARRIERE** (z.B. ‚Geld verdienen wo immer ich bin')

- **BEZIEHUNGEN** (z.B. ‚Trennung und Scheidung vermeiden' oder ‚Schwanger werden mit Hindernissen')

ERINNERN SIE SICH AN DEN MOMENT, ALS IHNEN KLAR WURDE, DASS SICH ETWAS ÄNDERN MUSS?

Es gab nicht den einen Moment, aber ich kann mich daran erinnern, was bei mir den Aha-Effekt ausgelöst hat: Es war die Lektüre der Buches 'Die 4-Stunden-Woche' von Tim Ferriss.

Dabei geht es nicht um die im Titel genannte absolute Zahl der Arbeitsstunden pro Woche, sondern um die beschriebenen Regeln, Grundsätze und Systeme eines freieren Arbeitslebens.

WAS WAREN DIE WICHTIGSTEN ÄNDERUNGEN, DIE SIE VORGENOMMEN HABEN?

Der wichtigste Einzelschritt war rückblickend das konsequente Ballast abwerfen in allen Lebensbereichen. Also das bewusste Downsizing und die Entscheidung, in Zukunft nach und nach nur noch berufliche Aufgaben wahrzunehmen, die sich auch ohne meine persönliche Anwesenheit - also überwiegend online - erledigen ließen.

Dazu gehörten zum Beispiel der schrittweise Abbau aller angestellten Mitarbeiter und die Umstellung auf Freelancer, der Verzicht auf stationäre Büros und die langsame Gewöhnung der Kunden an die Tatsache, dass ich nur online via Mail oder Skype erreichbar bin.

WAS WAR DABEI DIE GRÖSSTE HERAUSFORDERUNG?

Für mich ganz persönlich das Ballast abwerfen. Nicht, dass mir das über die Maßen schwer gefallen wäre, aber ich habe viel zu lange missachtet, dass die Menge an Ballast in meinem Leben untrennbar mit der Menge an Zeit und Geld verbunden war, die ich für die Finanzierung dieses Ballastes aufbringen musste.

WAS HAT SIE IN DIESER ZEIT MOTIVIERT?

Die simple Tatsache, dass mir mein Berufsleben immer weniger zusagte und die Stimme von Tim Ferriss im Hinterkopf.

SPRECHEN WIR ÜBERS JETZT: WORAUF FREUEN SIE SICH JEDEN TAG?

Über das hohe Maß an Lebensqualität, das ich genieße. Zum Beispiel die Tatsache, dass ich einen Wecker nur noch stellen muss, wenn ich aus Versehen einen Morgenflug gebucht habe. Dann meine Arbeitszeiten, die mit 5-6 Stunden sehr tragbar sind und die paradiesische Umgebung, in der ich arbeiten darf. Dazu kommt, dass ich den größten Teil meiner Tätigkeiten nicht mehr als Arbeit empfinde.

WIE DEFINIEREN SIE GLÜCK?

Gesundheit und Freiheit.

WELCHEN RAT WÜRDEN SIE JEMANDEM GEBEN, DER IHREM VORBILD FOLGEN MÖCHTE?

Lach ... Lesen Sie mein Buch ‚Geld verdienen, wo immer ich bin', das Ende 2014 erschienen ist. Da steht eigentlich alles drin. Aber im Ernst, wenn ich nur einen einzigen Rat geben dürfte, dann wäre es der, sofort und konsequent damit zu beginnen, das eigene Leben schlank zu machen. Das geht auch ohne tiefgreifende Maßnahmen, wie Jobkündigung etc. und erleichtert selbst dann ungemein, wenn man ansonsten alles beim Alten belässt.

Erich Perroulaz (der Autor dieses Buches) ist Experte für gelungene Transformationen, Lebens-Unternehmer, Coach und Investor. Er begann seine Karriere im Aktienhandel und im Investment-Banking, wo er erfolgreich für verschiedene Banken im In- und Ausland arbeitete und später in eigener Regie Investment-Fonds gründete. Nach dem Platzen der Internet-Blase und Auflösung seiner Geschäfte dachte er erstmals über Alternativen zu seinem Lebensweg nach und begann die innere Einstellung zu ändern.

Schließlich hängte er seine Karriere an den Nagel und zog als Backpacker mehrere Monate durch Kanada mit dem Ziel, dem Zweck seiner Existenz näher zu kommen. Dort begann er seine Reise zu sich selbst und tut seitdem, was ihn glücklich macht:

Er schrieb das Buch „Ticket to Life", in dem es um die eigene innere Transformation geht und ist Initiator von verschiedenen Unternehmen im Bereich der persönlichen Entwicklung

KÖNNEN SIE IN WENIGEN SÄTZEN BESCHREIBEN, WIE IHR LEBEN VOR 10 JAHREN AUSSAH?

Mit der Faszination für die internationale Finanzmärke, welche übrigens bisher meine Wandlung überlebte, war ich jahrelang als Sklave an das gängige gesellschaftliche System gefesselt. Mein Denken war oftmals linear geprägt. Ich arbeitete in der Finanzwelt, ohne in irgendwelcher Form meine weiteren Talente zu nutzen, ob kreativ oder im Umgang und der Führung von Menschen. Ich konnte die harte und kalte Finanzwelt nicht mit menschlichem Umgang zusammenbringen und diese Tatsache belastete mich jeden Tag aufs Neue. Trotz gutem finanziellen Einkommen und einem gewissen Status war ich mit meinem Leben unzufrieden und auch unglücklich. Ich wollte ein freier Mensch sein, den inneren Frieden spüren und meine Talente und Lebenszweck endlich leben. Ich wollte auch nicht mehr in einer Kleiderordnung stecken, welche mich einengte.

UND WIE SIEHT IHR LEBEN HEUTE AUS?

Kurz gesagt: Ich absolvierte eine innere 180-Grad-Drehung was die Einstellung zum Leben, zu Geld und Status anbetrifft. Dabei stellte ich fest, dass ich selbst für meine Gefühle verantwortlich bin und niemand anders jemals meine Gefühlslage beeinflussen kann, solange ich dies nicht zulasse. Ich lebe heute im Reinen mit mir selbst und fand obendrein meinen eigenen Lebenszweck, um der Gemeinschaft zu dienen. Verwurzelt mit Flügeln passt wohl am besten zu meiner heutigen Lebensqualität. Ich lebe an Orten, wo ich mich wohl und geborgen fühle und freue mich auf jeden neuen Tag, und was dieser mit sich bringt. So entsteht eine Freude und Spannung auf neue

Begegnungen und Möglichkeiten. Äußere Gegebenheiten lassen mich weder euphorisch noch depressiv sein.

GANZ KONKRET: WOMIT VERDIENEN SIE IHR GELD?

Die letzten Jahre dienten dem Aufbau von neuen, zu mir passenden Geschäftsmodellen, insofern ließ sich mein materielles Leben am ehesten mit dem treffenden Einsatz von Ressourcen vergleichen. Effektiv mit Geld haushalten war oberstes Gebot. Ich investierte alle Geldmittel in die Entwicklung von mir selbst und experimentierte mit Angeboten. Ein Teil meines Einkommens bestand aus der Durchführung von Coachings und Ausbildungen, einen weiteren Teil finanzierte ich mit Fremdkapital, um mich nicht mehr in den Strudel der Energie von „Zeit gegen Geld" tauschen zu begeben. Ich stellte mich als Mensch wie ein Unternehmen auf, welches zuerst in die Entwicklung investiert. Natürlich nur mit klaren Zielen und Absichten, um schließlich mit den Geschäftsmodellen auch Geld einzunehmen und das Fremdkapital zurückzubezahlen.

ERINNERN SIE SICH AN DEN MOMENT, ALS IHNEN KLAR WURDE, DASS SICH ETWAS ÄNDERN MUSS?

Das Gefühl, in einer materiellen Scheinwelt zu leben, war schon geraume Zeit da. Eigentlich schon seit der Kindheit, als in der Schule fast nur rationale und intellektuelle Themen gelehrt wurden. Zum Glück hielt ich mir immer den Weg offen, das gängige System nicht als absolut zu akzeptieren. Mir war nur nicht klar, wie ich da aussteigen und gleichwohl in der Gesellschaft überleben sollte. Was mich schließlich aufrüttelte weiter zu gehen, war wohl die Schließung eines Unternehmens auf dem Gebiet der Finanzdienstleistungen, welches ich mitbegründet hatte. Ich verlor hier alle finanziellen Mittel, mein falsches Ehrgefühl und die alten sozialen Kontakte. Da wurde mir klar, um was es geht, und ich begann nach meiner eigenen Essenz zu suchen.

WAS WAREN DIE WICHTIGSTEN ÄNDERUNGEN, DIE SIE VORGENOMMEN HABEN?

Ich begann aus der Unsicherheit mit neuen Inhalten und Formen zu experimentieren. Bei mir war es auch so, dass ich rein physisch

/ äußerlich eine Veränderung vornahm und in den Flieger nach Kanada stieg mit der klaren Absicht, bei der Rückkehr meinen Lebenszweck und die Richtung besser zu kennen. Ich übte mich auch bewusst in klarem und fokussiertem Denken, der Meditation und begann mit dem Gesetz der Anziehung zu experimentieren. Ich ließ den Weg geschehen und begann den Fokus auf kleine Erfolgserlebnisse zu richten. Ich gab mich der Reise hin und begann Zeichen, welche mir gegeben wurden, wahrzunehmen und diesen auch zu folgen. Geld wurde dabei zunehmend ein Mittel zum Zweck und diente immer weniger als Basis zum Kaufen von Gefühlen.

WAS WAR DABEI DIE GRÖßTE HERAUSFORDERUNG?

Das Loslassen der alten gewohnten Weltbilder, welche ja noch immer sehr präsent gelebt werden. Die Geduld, mit Rückschlägen umzugehen und nicht die neue Einstellung, welche sich gerade als zartes Pflänzchen anbahnte, anhand eines Ereignisses in Frage zu stellen. Die meist nächtlich aufkommenden materiellen Existenzängste wahrzunehmen und nicht zu verdrängen. Eine

Heilung der alten Gefühle zuzulassen und mit neuen fördernden Glaubenssätzen zu ersetzen. Das Einlassen auf die gesamte Lebens-Transformation und nicht nur auf Teile, welche mir gerade passten.

WAS HAT SIE IN DIESER ZEIT MOTIVIERT?

Der Ausblick auf ein freies Leben ohne Zwänge und Vorgaben von Kunden und Arbeitgebern, welchen ich nicht mit vollem Herzen zustimmen konnte. Natürlich wusste ich zu diesem Zeitpunkt noch nicht so genau, wie Freiheit sich anfühlen würde und dass es ein permanentes Gefühl der inneren Gelassenheit überhaupt gibt. Ein solches zu erreichen, war aber das Ziel, und als nächstes auf diesem Fundament Geschäftsmodelle zu entwickeln, welche Menschen unterstützen, Ähnliches zu erfahren. Eine weitere Motivation war sicherlich, mit dieser neuen Grundeinstellung auch wirtschaftlich und finanziell erfolgreich zu sein und Einkommen zu generieren, welche auch ohne direktes Zutun fließen, z.B. Lizenzeinnahmen, Tantiemen oder ähnliche passive Einkommen.

SPRECHEN WIR ÜBER DAS JETZT: WORAUF FREUEN SIE SICH JEDEN TAG?

Fangen wir bei der Nacht an. Zu genügend und erholsamem Schlaf zu kommen, ist für mich die Grundlage für jeden neuen Tag. Ich genieße geistiges, seelisches und körperliches Wohlbefinden und bin dankbar dafür. Die Freiheit, den Tag so geschehen zu lassen, dass die in jedem Moment gerade wesentlichen Aufgaben fokussiert umgesetzt werden können. Also kurz gesagt, keinen grösseren Pendenzen und auch keinen größeren Planungen in der Agenda unterworfen zu sein. Performance im Hier und Jetzt und schauen, was auf mich zukommt. Jeden Tag regelmäßige körperliche Bewegung an der frischen Luft abgerundet mit feinem und gesundem Essen mit freundlichen Menschen oder alleine.

WIE DEFINIEREN SIE GLÜCK?

Mir bewusst zu sein, dass ich selbst über meine Haltung und meine Gefühle entscheiden kann und somit direkten Einfluss auf meine Erfahrungen habe. Glücksgefühle sind für mich weder romantisch noch mit einem Erfolgsmoment verbunden sondern das Gefühl, bei mir selbst angekommen zu sein. Wohlgefühl und Wärme im Inneren zu spüren im Wissen, dass mir diese Gefühle niemand wegnehmen kann. Kurz gesagt: Glücklich sein ohne Grund.

WELCHEN RAT WÜRDEN SIE JEMANDEM GEBEN, DER IHREM VORBILD FOLGEN MÖCHTE?

Lassen Sie sich nicht von Ratgebern und Wissensvermittlern täuschen. Analysieren Sie Ihr Leben und entscheiden Sie, ob es etwas zu ändern gibt. Wenn dies der Fall sein sollte, treffen Sie eine bewusste rationale Entscheidung, welche nicht auf irgendwelchen Bauchgefühlen beruht, und beginnen Sie die Unsicherheit zu umarmen, was ich auch in meinem Buch „Ticket To Life" in Form einer Reise zu sich selber beschreibe. Seien Sie sich bewusst, dass alles seine Zeit braucht und Sie sich bei einer langsamen Änderung der inneren Einstellung wie ein Kreuzfahrtschiff verhalten: Sie ändern den Kurs und das Schiff beginnt sich langsam auf die neue Route einzustellen. Es gibt auch keine Abkürzungen oder Modelle, zu um schnell reich zu werden. Fallen Sie bitte nicht auf Berater oder

Coaches rein, welche ihr Leben selbst nicht so führen, wie sie es gerne für sich selbst erfahren würden. Leisten Sie sich Coaches oder Mentoren, welche Ihnen als Vorbild dienen und Sie auf Ihrem Weg auch tatsächlich weiter bringen.

Assets:
www.erichperroulaz.ch
www.gocreade.com
www.golife.ch
www.essentialrich.com
www.selfness-wellness.com

GoCreade
Bietet individuelle Begleitungen zur inneren Transformation und Lebensgestaltung sowie Beratungen für Unternehmen, welche ihre

Werte anhand der inneren Einstellung der beteiligten Menschen ausrichten.

www.gocreade.com

Essential Rich

Essential Rich steht als die Marke für Liebe und Lebensfreude. Passende Produktepartner können Lizenzen erwerben, um mit ihren Produktlinien ein erweitertes Marktvolumen zu erzielen. Essential Rich ist zudem eine Plattform für Menschen, welche Ihr Herz öffnen und den eigenen Lebenszweck erfüllen möchten und bietet dazu Veranstaltungen und eine sich selbst erweiternde Community an.

www.essentialrich.com

Selfness & Wellness

Langsam die Einstellung ändern braucht auch einen dazugehörigen Medienkanal, wo Experten laufend über Erfahrungen, Inspirationen, Ideen und auch Tipps dazu berichten. Wie es der Name sagt kommen Menschen zu Wort, welche über Themen wie Lebensqualität, Eigenverantwortung, Finanzen, Gesundheit und einfach auch über die Schönheiten des Lebens berichten.
www.selfness-wellness.com

K. Bärtschi, Schweiz

KÖNNEN SIE IN WENIGEN SÄTZEN BESCHREIBEN, WIE IHR LEBEN HEUTE AUSSIEHT UND WO SIE IN 5 / 10 JAHREN STEHEN MÖCHTEN

Ich befinde mich in einem ausgeprägten Findungsprozess. Ich arbeite in einem „herkömmlichen" Job, aber spüre, dass dies nicht alles sein kann. Meine Passion, das Schreiben, hatte ich bereits einmal umgesetzt und recht gute Einnahmen damit erzielt. Jedoch hatte ich mich auf die falsche Zielgruppe ausgerichtet. In letzter Zeit kristallisiert sich heraus, dass ich auch immer einfach zu weit gedacht habe. Ich kann auch einfach mein Hobby zum Beruf machen. Deshalb bilde ich mich zur Personal-Trainerin aus und mache eine Ausbildung zum Integral-Coach. So kann ich auf ganzheitlicher Ebene mit Menschen arbeiten und ihnen helfen, über körperliche und emotionale Gesundheit ihr Leben zu verbessern. Davon möchte ich eines Tages - lieber in 5 als in 10 Jahren - leben können.

GANZ KONKRET: WOMIT VERDIENEN SIE HEUTE IHR GELD UND WOMIT WÜRDEN SIE ES GERNE MACHEN?

In einem klassischen Bürojob in einer klassischen Konzernstruktur, in dem das Hamsterrad zur Auflockerung manchmal noch in Brand gesetzt wird. Gerne würde ich Profi auf dem Gebiet Bewegung und Gesundheit (körperlich und emotional) werden und einerseits mit Menschen arbeiten, wie auch Texte zu diesen Themen veröffentlichen und allenfalls Vorträge halten.

Wichtig zu sagen ist noch, dass mir der Inhalt meiner derzeitigen Tätigkeit sehr gefällt, nur die Umstände rundherum nicht. Wenn ich mich davon emotional besser abgrenzen kann, könnte ich mir sogar ein Teilpensum im bisherigen Job vorstellen.

ERINNERN SIE SICH AN DEN GENAUEN MOMENT, ALS IHNEN KLAR WURDE, DASS SICH ETWAS ÄNDERN SOLLTE?

Nein. Es war eher ein schleichender Prozess.

HABEN SIE BEREITS MAßNAHMEN ERGRIFFEN / ÄNDERUNGEN VORGENOMMEN? WENN JA, WELCHE?

Ja. Ich mache die Ausbildungen zur Personal-Trainerin und zum Integral-Coach und eigne mir alles Wissen im Bereich Bewegung an, dass ich nur finden kann. Ich arbeite mit ersten Menschen zusammen. Für die Geschäftstätigkeit habe ich die GmbH von meinem Vater übernommen. Ich habe sie auf movemotion GmbH umbenannt und konnte mir sogar noch www.movemotion.ch sichern. Ich liebe diese Wortspielerei, weil sie meine Vision so gut trifft!

WAS IST (BZW. WAS GLAUBEN SIE WIRD) DIE GRÖßTE HERAUSFORDERUNG BEI IHREM VERSUCH, BERUFLICHE FREIHEIT ZU ERLANGEN?

Sicher der Absprung in die Unsicherheit. Ich muss mir selbst vertrauen, dass ich es schaffe, mich durchzusetzen. Anderseits muss ich lernen, meine vielen Ideen zu bündeln und zu priorisieren. Ich kann nicht alles auf einmal umsetzen wollen, sonst mache ich am Ende gar nichts. Das heißt, ich muss manchmal auch nein sagen.

Ich muss auch noch lernen, mehr auf die Leute zuzugehen und mich besser zu verkaufen, das bereitet mir noch etwas Mühe.

WAS MOTIVIERT SIE DAFÜR?

Die Aussicht auf Unabhängigkeit, Freude, Flow, etwas bewegen zu können… Komisch: Das Wort Motivation ist in diesem Zusammenhang nicht stimmig für mich. Motivation brauche ich jeweils, wenn ich etwas nicht unbedingt tun will oder zu müde bin. Sprich Motivation ist für mich persönlich immer mit Mangel behaftet. Jetzt zieht es mich aber wie zu meinem Ziel hin und ich folge dieser Anziehung einfach. Ich muss dort hin, es ist eigentlich keine Frage, es ist einfach Bestimmung, zu dieser muss ich mich nicht motivieren. Ich muss nur Altes loslassen.

WIE DEFINIEREN SIE GLÜCK?

Bedingungslose Liebe zu erleben, ich selbst sein, Leichtigkeit zu leben, der Star sein, in dem was man tut, Unabhängigkeit und natürlich Gesundheit.

WELCHE UNTERSTÜTZUNG / WELCHE ART VON COACHING WÜRDEN SIE SICH FÜR DEN WEITEREN WEG IN RICHTUNG BERUFLICHE FREIHEIT WÜNSCHEN?

Es müsste ein Mix sein, da es unterschiedlichste Baustellen gibt. Wichtig ist jemand, der meine eigenen Ressourcen aktiviert und mir hilft, mich gedanklich zu ordnen und mir zu neuen Sichtweisen verhilft. Manchmal braucht es jemanden, der mir Sachen sagt, die ich nicht hören will. Manchmal braucht es jemanden, der mich auffängt. Und es braucht für mich auch Idole, zu denen ich hochschauen kann.

Interview mit Rolf G.

KÖNNEN SIE IN WENIGEN SÄTZEN BESCHREIBEN, WIE IHR LEBEN HEUTE AUSSIEHT UND WO SIE IN CA. 5-10 JAHREN STEHEN MÖCHTEN

Bei der heutigen Ereignisdichte reichen vorerst 5 Jahre... Standortbestimmungen und Kurskorrekturen sind wohl häufiger notwendig als z.B. noch in den 80iger Jahren, zumindest in meinem Leben.

Heute bin ich mit meinem Bewusstsein, Zuversicht, innerer Freiheit und Lebensfreude an einem Punkt angelangt, welchen ich zu erreichen noch vor 10 Jahren nicht für möglich gehalten hätte. Ich fühle mich heute ganz und stark, und ich weiss, dass dies erst der Anfang ist. Es waren äußere Umstände im Job und mein Gefühlsleben, die mich vor rund 7 Jahren dazu zwangen, mein Leben zu überdenken, Verdrängtes aufzuarbeiten, alte Muster und Ängste loszulassen, und mir die Motivation gaben, mich auf einen neuen Weg zu machen.

Dieser war vor allem in den letzten 3-4 Jahren von (Trennungs-) Schmerz und materiellem Verzicht bzw. Loslassen, auch auf der Gefühlsebene, geprägt. Das betraf nicht nur mich, sondern auch mein näheres Umfeld, welches von meinen Entscheidungen betroffen war.

Bis in den eingangs umschriebenen 5 Jahren werde ich meinen heutigen Zustand weiter ausgebaut und dem Bekenntnis zu diesem materiellen Leben auf der Erde entsprechend soweit materialisiert haben, dass ich tun und lassen kann, was ich will: von der inneren zur absoluten äußeren Freiheit, beides das höchste Gut in dieser Welt.

Meine persönlichen Beziehungen werden frei von Abhängigkeiten und geprägt von Liebe, Toleranz, Freiwilligkeit und Freiheit sein. Dies ist teilweise bereits heute der Fall – das Gesetz der Anziehung wirkt auch in meinem neuen Bewusstsein. Diesen Weg werde ich konsequent weiter gehen. Und ich heiße diejenigen willkommen, die mitkommen und sich dabei von mir motivieren und unterstützen lassen wollen.

WIE WÜRDEN SIE LEBEN, WENN SIE KEIN GELD VERDIENEN MÜSSTEN?

Dank meines neuen Bewusstseins grundsätzlich gleich und mit den gleichen Zielen wie heute: Ich würde mich zudem noch intensiver den mir lieben Tätigkeiten widmen und mich in ausgewählten Bereichen in Freiwilligenarbeit engagieren.

GANZ KONKRET: WOMIT VERDIENEN SIE HEUTE IHR GELD UND WOMIT WÜRDEN SIE ES GERNE MACHEN?

Mein heutiges Hauptstandbein ist immer noch die Informatik, Übersetzungen und Texten. Daneben pflege ich bzw. baue ich Mandate auf, mit denen ich mich als *Ganzheitlicher Lebenscoach* positioniere und mein Haupteinkommen bestreiten werde. Die Informatik wird mich in kleinem Rahmen immer begleiten, bereitete sie mir doch während einer längeren Lebensphase Freude und gehört immer noch zu meinen Begabungen.

ERINNERN SIE SICH AN DEN GENAUEN MOMENT, ALS IHNEN KLAR WURDE, DASS SICH ETWAS ÄNDERN SOLLTE?

Die Erkenntnis stellte sich langsam und dafür nachhaltig ein; sie kam hauptsächlich über die berufliche Schiene: Vor ca. 7 Jahren spürte ich, dass ich mich immer weniger dazu aufraffen konnte, meinen fachlichen Jobverpflichtungen und Aufgaben als Geschäfts-Mitinhaber nachzukommen. Näherte ich mich meinem Arbeitsplatz, machte sich ein mulmiges Gefühl in der Magengrube breit. Dies wurde immer stärker, so dass ich auf dem Weg zum Arbeitsplatz jeweils Umwege zu fahren begann, um den Arbeitsantritt hinauszuzögern. Mit der Zeit kamen Konzentrationsschwierigkeiten und Angst hinzu. Vor 4 Jahren, als ich mich an einem Sonntagnachmittag auf ein Meeting vom Montag vorbereitete, wurde mir klar, dass ich das nicht mehr konnte und wollte. Am Montag leitete ich die konkreten Maßnahmen für meinen Ausstieg ein, der im Übrigen noch weitere 9 Monate in Anspruch nahm.

HABEN SIE BEREITS MASSNAHMEN ERGRIFFEN / ÄNDERUNGEN VORGENOMMEN? WENN JA, WELCHE?

Ja, der Ausstieg und meine Neuorientierung sind bereits vollzogen.

WAS IST BZW. WAS GLAUBEN SIE, WIRD ZUR GRÖSSTEN HERAUSFORDERUNG BEI IHREM VERSUCH, BERUFLICHE FREIHEIT ZU ERLANGEN?

Die berufliche Freiheit und vieles mehr habe ich bereits erreicht – siehe oben. Nach meinem Ausstieg begann ein persönlicher Prozess, welcher 3 Jahre dauerte und begleitet war von Ängsten, Panikattacken, Gefühl von Ohnmacht, Verlassen- und Ausgebranntsein. Damit und mit dem resultierenden finanziellen Druck umzugehen, bildeten wohl die größten Herausforderungen. Letzterer führte auch dazu, dass ich in allen Lebensbereichen meine Ansprüche zurückschrauben musste. Dies wiederum verlieh mir nach den Anfangsschmerzen ein neues Gefühl von Freiheit, Unabhängigkeit und Flexibilität.

WELCHES SIND IHRE GRÖẞTEN HERAUSFORDERUNGEN ODER ÄNGSTE, UM FREI ZU WERDEN?

Mein persönliches Umfeld, auch im engsten Bereich, änderte sich völlig, teils aus eigener Initiative, teils weil mein Handeln – ich nenne es hier Befreiungsschlag – nicht verstanden wurde. Die größte Herausforderung waren die Selbstzweifel, die in mir immer wieder die Fragen aufbrachten, ob ich die richtige Entscheidung getroffen hatte, ob ich doch nicht besser in der „heilen Welt" geblieben wäre und mich mit dem Job- und Verantwortungsdruck hätte arrangieren sollen.

WAS TREIBT SIE JEDEN TAG AN AUFZUSTEHEN?

Vor meinem Ausstieg waren es das Pflichtgefühl und die Überzeugung, keine Alternative zu haben. Heute ist es die Freude, mein Leben selbst in der Hand zu haben und meine Zukunft frei zu gestalten mit den oben beschriebenen Zielen in ca. 5 Jahren. Und natürlich steht auch ein gewisser finanzieller Druck dahinter, denn mein Ausstieg hat seinen Preis gefordert.

WIE DEFINIEREN SIE GLÜCK?

Freude, Freiheit, Unversehrtheit, Selbstbestimmung und Liebe aus meinem Inneren heraus zu (er)leben; Freude und Liebe zu verbreiten.

WELCHE UNTERSTÜTZUNG / WELCHE ART VON COACHING WÜNSCHEN SIE SICH FÜR DEN WEITEREN WEG IN RICHTUNG INNERE UND BERUFLICHE FREIHEIT?

Aufgrund meiner Erfahrungen, menschlicher Begegnungen und eigenen Auffassung von Glück bin ich wie oben erwähnt daran, mich in einer coachenden Tätigkeit zu engagieren. Auf diesem Weg werde ich bestimmt Bedarf an Unterstützung und/oder Coaching haben, sei es fachlich oder mental. Dabei entspricht mir am ehesten eine Begleitung auf Eins-zu-eins-Basis durch eine Person, mit welcher die Chemie stimmt, und die vor allem aus eigener Erfahrung weiß, wovon sie spricht und was sie vermittelt.

Kaspar Hofer

KÖNNEN SIE IN WENIGEN SÄTZEN BESCHREIBEN, WIE IHR LEBEN HEUTE AUSSIEHT UND WO SIE IN 5 / 10 JAHREN STEHEN MÖCHTEN

Noch renne ich im Hamsterrad, aber ich konnte das Pensum schon mal von 7 auf 3 Tage reduzieren. Die anderen 4 Tage nehme ich mir Zeit für mich und meinen Sohn – und um die nötige Energie für die drei Tage „Hamsterrad" zu tanken.

In 10 Jahren will ich mein Unternehmen soweit aufgebaut haben, dass ich nur noch das arbeite, was mir wirklich Freude macht. Ich will die Arbeit nicht mehr als Arbeit wahrnehmen, sondern als Bereicherung in meinem Leben.

Ich will standortunabhängiger leben, mit meinem Sohn ausgedehnte Reisen machen und ihm ein Leben abseits des Hamsterrades vorleben und ermöglichen. Und doch will ich auch meine feste

„Basis" in den Bergen, mit viel Umschwung und Lebensqualität, zu der ich immer gerne wieder zurückkomme. Meine Heimat bleiben die Schweizer Berge – die Welt ist mein Zuhause!

GANZ KONKRET: WOMIT VERDIENEN SIE HEUTE IHR GELD UND WOMIT WÜRDEN SIE ES GERNE MACHEN?

Heute verdiene ich einen großen Teil mit klassischen Treuhand-Dienstleistungen, immer mehr aber auch mit Coachings im Bereich Startup, Unternehmensführung, Umstrukturierung, Vermögensaufbau – und immer getreu meinen zwei Mottos „nachhaltig erfolgreich" und „reduce to the max".

Mein Ziel ist es, aus dem Büro herauszukommen und mich vermehrt den Coachings und Firmengründungen zu widmen – und mir ein Netzwerk von Partnern und verschiedene Beteiligungen aufzubauen.

ERINNERN SIE SICH AN DEN GENAUEN MOMENT, ALS IHNEN KLAR WURDE, DASS SICH ETWAS ÄNDERN SOLLTE?

Ja, sehr genau sogar. Das war bei der Geburt meines Sohnes, als ich ihn zum ersten Mal im Arm hielt. In dem Moment habe ich ihm und mir geschworen, mein Leben umzukrempeln, um so viel Zeit wie möglich mit ihm verbringen zu können.

HABEN SIE BEREITS MASSNAHMEN ERGRIFFEN / ÄNDERUNGEN VORGENOMMEN? WENN JA, WELCHE?

Ja, schon einiges. So habe ich mein Kundenportfolio bereinigt, meinen Fokus auf interessante Aufträge gerichtet – und nicht zuletzt mein Arbeitspensum massiv reduziert!

WAS IST (BZW. WAS GLAUBEN SIE WIRD) DIE GRÖSSTE HERAUSFORDERUNG BEI IHREM VERSUCH, BERUFLICHE FREIHEIT ZU ERLANGEN?

Der Schritt weg vom Selbstständigen hin zum Unternehmer – das erfordert ein radikales Umdenken und ist nicht immer einfach.

Arbeiten zu delegieren und nicht immer alles selber zu machen oder zu kontrollieren. Oder anders gesagt: Altes loszulassen und Neues zuzulassen!

WAS MOTIVIERT SIE DAFÜR?

Mein Sohn – und die Freiheit, das zu tun, was mir Freude bereitet, und nicht das, was andere von mir erwarten!

WIE DEFINIEREN SIE GLÜCK?

Am Abend zufrieden und erfüllt einzuschlafen – und mich beim Aufwachen auf den gerade begonnenen Tag zu freuen!

WELCHE UNTERSTÜTZUNG / WELCHE ART VON COACHING WÜRDEN SIE SICH FÜR DEN WEITEREN WEG IN RICHTUNG BERUFLICHE FREIHEIT WÜNSCHEN?

Schwierig zu sagen… ich denke, auf meinem Weg werden immer wieder neue Situationen auftauchen, in denen das Bedürfnis nach einem Coach da sein wird – und ich solche Angebote auch gerne annehme!

GOLIFE LIFE-ENTREPRENEUR AKADEMIE

Warum braucht es eine Lebens-Unternehmer-Akademie, wenn doch alle Menschen schon leben? Wenn Sie etwas Neues lernen - zum Beispiel Auto fahren - gehen Sie bis zum Erlangen des Führerscheins nach einem genauen Ablauf vor. Dies wird als Prozess oder Weg bezeichnet, welcher mit einem Resultat endet: Der Fähigkeit, ein Auto sicher zu führen.

GoLife unterstützt Sie dabei, den Führerschein für Ihr Leben zu erlangen. Die wenigsten Menschen lernen, wahrhaftig für sich selbst zu leben, sondern betätigen sich hauptsächlich als Auftragsabwickler für andere. Warum nicht den Weg vom Auftragsabwickler zum

Lebens-Unternehmer beschreiten? Erkennen wir doch: Das Leben bietet weit mehr als starre Abläufe, Termine, abzuarbeitende Aufgabenlisten und dergleichen.

Wenn Sie den inneren Drang verspüren, die Initiative und Verantwortung für Ihr Leben zu übernehmen, es nach Ihren Bedürfnissen zu gestalten, Ihre Gefühle von innen heraus zu steuern, unabhängig zu sein, Glücklichsein zu erfahren, finden Sie mit GoLife einen passenden Partner für Ihren Transformationsprozess. In den Ausbildungen lernen Sie auch die Zusammenhänge zwischen Geldsystem und Ihrem Leben kennen.

GoLife geht von der Praxis zur Theorie, findet und klärt mit Ihnen zusammen Ihre Visionen, Ihren Lebensplan und Wege zur Umsetzung ins reale Leben. Eine grundlegende Voraussetzung ist die Bereitschaft, sich selbst zu entfalten und gewohnte Sicherheiten hinter sich zu lassen. Meistens geht die Entwicklung zum Lebens-Unternehmer mit einer inneren Transformation einher, während der sich die gesamte Lebenseinstellung verändert. Zur Ausbildung gehören die Anwendung des Gesetzes der Resonanz, pragmatische und umsetzbare Strategien, um zu passenden Kunden zu kommen, sowie Ausbildungen zu Ökonomie und Finanzwesen.

www.golife.ch

DER GELDBAUM – THE MONEYTREE

Der Geldbaum steht gemäß einer chinesischen Legende als heiliger Baum, welcher den Menschen Wohlstand und Glück bringen soll. Er dient als Symbol für Reichtum, Überfluss und Lebensqualität.

ANHANG
SELBST-COACHING-TEIL:

HIER ENTNEHMEN

Können Sie in wenigen Sätzen beschreiben, wie Ihr Leben heute aussieht und wo Sie in 5 / 10 Jahren stehen möchten [die Anzahl an Jahren können Sie frei wählen]

_____

_____

_____

_____

_____

_____

Wie würden Sie leben, wenn Sie kein Geld verdienen müssten?

Ganz konkret: Womit verdienen Sie heute Ihr Geld und womit würden Sie es gerne machen?

Erinnern Sie sich an den genauen Moment, als Ihnen klar wurde, dass sich etwas ändern sollte?

Haben Sie bereits Maßnahmen ergriffen / Änderungen vorgenommen? Wenn ja, welche?

Was ist (bzw. was glauben Sie wird) die größte Herausforderung bei Ihrem Versuch, berufliche Freiheit zu erlangen?

Was sind Ihre größten Herausforderungen oder Ängste, um frei zu werden?

Was treibt Sie an, jeden Tag aufzustehen?

Wie definieren Sie Glück?

Welche Unterstützung / welche Art von Coaching würden Sie sich für den weiteren Weg in Richtung innere und berufliche Freiheit wünschen?

Zusätzliche Fragen, welche Sie sich stellen können:

Was ist meine Lebensaufgabe?

Welche Träume sind mir seit meiner Kindheit präsent?

Welche Ziele setze ich mir heute?

Wofür bin ich dankbar?

Wo und wie möchte ich gerne leben?

Wo übernehme ich Verantwortung für mein Leben?

Bin ich mir meiner Macht zur Gestaltung des Lebens bewusst?

Wo gebe ich Verantwortung ab?

Wie stelle ich mir meine Beziehung vor, beruflich und privat?

Wie stelle ich mir meine/n Partner/in vor?

Wie sehen meine finanziellen Ziele aus?

Wo brauche ich Anerkennung von anderen?

Wie steht es um meine emotionale Intelligenz?

Was ist für mich der Unterschied zwischen Fachwissen und Selbstbewusstsein?

Was macht mich glücklich?

Was würde ich gerne mehr machen?

Wie stelle ich mir den perfekten Tag vor?
Was kann ich der Gesellschaft und anderen Menschen anbieten?
Wie definiere ich Liebe?

Top 21 Lebensziele:
Notieren Sie hier 21 Lebensziele, was Sie unbedingt noch erreichen wollen (es können auch mehr sein).

1.

2.

3.

4.

5.

6.

7.

8.

9.

10.

11.

12.

13.

14.

15.

16.

17.

18.

19.

20.

21.

INSPIRATIONEN FÜR EIN GLÜCKLICHES LEBEN

Prägen Sie sich ihre Lebensziele unauslöschlich ein.

Wenn sich negative Gedanken einschleichen, lassen Sie diese zu; nur so erkennen Sie, was Sie nicht wollen.

Ersetzen Sie anschließend die negativen Gedanken durch ihre eigenen positiven.

- Machen Sie im Geiste Schwierigkeiten klein und Stärken ganz groß.
- Wenn Sie schon denken, dann bitte groß—nur so können Sie Großes erreichen.
- Sprechen Sie täglich positive Glaubensätze.
- Machen Sie alles, um in ein besseres Gefühl zu kommen.
- Gestalten Sie sich Bilder oder Glaubenssätze, die Sie täglich sehen können.
- Seien Sie sich bewusst, wofür Sie im Moment gerade dankbar sind.

- Formen Sie täglich im Geiste Ihre Lebens-Visionen und Ihr Lebensdrehbuch.
- Verbringen Sie täglich Zeit mit Ruhe und Meditation.
- Gönnen Sie sich genügend Schlaf und Bewegung.
- Widmen Sie sich beharrlich Ihrer Lebensaufgabe.
- Glauben Sie an Ihre Träume.
- Fokussieren Sie sich auf das Positive.
- Ziehen Sie keine voreiligen Schlüsse.
- Achten Sie auf Ihre Gedanken.
- Nehmen Sie nichts mehr persönlich.
- Seien Sie sich der Energien von anderen Menschen bewusst.
- Halten Sie sich fern von Energievampiren.
- Seien Sie liebevoll, großzügig und sympathisch.
- Tun Sie anderen nichts an, was Sie selbst nicht erfahren möchten.
- Öffnen Sie Ihr Herz.
- Gestalten Sie Ihr Leben mit Begeisterung und Freude.

- Machen Sie sich bewusst, dass Sie alleine darüber entscheiden, ob Sie glücklich sind.
- Tun Sie Dinge, die Ihnen gut tun.
- Machen Sie das Beste aus jeder Situation.
- Achten Sie auf die Macht der Worte.
- Hören Sie auf Ihre innere Stimme.
- Halten Sie sich an Ihre intuitiven Einfälle und setzen Sie diese sofort um.
- Gehen Sie Risiken ein.
- Nehmen Sie die Ungewissheit an.
- Gehen Sie mit heiterer Gelassenheit voran und nehmen Sie nicht alles so ernst.
- Seien Sie sich ihrer materiellen Sterblichkeit bewusster.
- Hören Sie nicht auf, zu lernen, zu wachsen, besser zu werden.
- Übergeben Sie alles dem göttlichen Universum, der Quelle.

Ich danke allen Menschen und Gegebenheiten, welche mir im Leben halfen, zu wachsen und zu lieben.
Erich Perroulaz

ÜBER ERICH PERROULAZ

Erich Perroulaz arbeitete jahrelang als erfolgreicher Börsenhändler und Investmentbanker in der internationalen Finanzwelt, bevor er im Jahr 2001 ausstieg. Er hielt die Intransparenz der Finanzwelt, den ständigen Stress und Druck nicht mehr aus. Auf der Suche nach dem Sinn seines Lebens trampte er mit dem Rucksack durch Kanada und lernte einen Reichtum kennen, der mit Geld wenig zu tun hat. Den Reichtum innerer Ruhe und Selbstsicherheit. Zurück in Europa stieg er wieder ein und bietet seither seine Erfahrungen Menschen an, welche mehr vom Leben wollen.

Er ist Autor der beiden Bücher:

Wohlstand ohne Job – Wie Sie dem Hamsterrad entkommen und als freier Menschen leben.
Kurze Inspirationen, um den Zweck des Lebens zu finden und berufliche Veränderungen umzusetzen.
www.golife.ch

Ticket To Life - Umarme die Unsicherheit - Eine Reise zur emotionalen und finanziellen Freiheit.
Eine transformative Reise zu sich selbst.
www.mytickettolife.com

Erich Perroulaz bietet Vorträge zur inneren Transformation sowie Ausbildungen und Aufklärungen zum Finanzsystem an.
www.erichperroulaz.ch

Thank you Innovating Solutions, for project coordination and typesetting.

iSolutions is a growing team of highly-skilled experts and consultants backed up by deep expertise in business, technology, content development, and leading practices in major industries today.
For more information, please visit: www.innovatingsolutions.net

Für weitere Inspirationen und Anleitungen zum Ausstieg aus dem Hamsterrad sowie für Ihre emotionale und finanzielle Freiheit, die Welt ist mein Büro etc. tragen Sie sich bitte unter http://www.selfness-wellness.com/ in unseren Newsletter ein. Sie erhalten dann jeweils kostenlose Updates.